믿음의 제조업 경영 45년

나는 오늘도 희망의 씨앗을 뿌려야지!

믿음의 제조업 경영 45년
나는 오늘도 희망의 씨앗을 뿌려야지!

초판발행 | 2022년 2월 14일
발행처 | 국민일보
등록 | 제1995-000005호
주소 | 서울 영등포구 여의공원로 101
전화 | 02-781-9870
홈페이지 | www.kmib.co.kr

ISBN 978-89-7154-351-1 (03230)

믿음의 제조업 경영 45년

나는 오늘도 희망의 씨앗을 뿌려야지!

유이상 지음

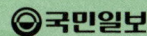

추천사

*

　유이상 장로님의 자서전을 읽으며 깊은 감동과 은혜를 경험하였습니다. 가난한 농촌에서 자라나 서울에서 고학하며 창업하여 44년간 이어온 기업가로서의 모든 여정을 한 권의 책으로 정리한다는 것은 쉬운 일이 아닙니다. 그러나 유 장로님은 삶의 모든 여정의 중요한 사건과 감동을 세심하게 기억하고 계셨고, 자신의 관점이 아닌 하나님의 관점으로 해석하며 기록하셨습니다. 이것이 가능한 것은 삶의 매 순간마다 하나님과 동행하며 하나님 보시기에 나의 삶은 어떠한 삶인가를 반추하는 삶이었기 때문입니다.

　신문 배달을 비롯한 온갖 어려운 일을 기쁨으로 감당하며 건실한 중견 기업가로 성장할 수 있었던 비결은 믿음과 화목한 가정이었습니다. 화목한 가정 속에서 참된 인성을 체득하셨고, 주권적으로 함께하시는 하나님의 함께하심으로 믿음을 배우셨습니다. 30년 동안 헌신하며 섬긴 교회를 떠나야 했던 이야기는 한국교회 지도자들로 하여금 자신을 돌아보게 하는 슬픈 이야기입니다.

저는 이 책을 한국교회 젊은이들과 지도자들이 모두 읽어야 한다는 생각을 가지게 되었습니다. 젊은이들에게는 어떠한 고난도 이겨나가는 용기와 화목한 가정의 중요성을 일깨워 주고, 교회 지도자들에게는 하나님 앞에서 정직하고 진실한 목회의 중요성을 일깨워 주기 때문입니다. 하나님을 기쁘시게 하려는 인생이 되고자 몸부림치며 살아오신 장로님의 여정이 녹아 있는 이 책이 많은 사람들에게 희망의 씨앗이 되기를 소망하며 이 책을 추천합니다.

이재훈_ 온누리교회 담임목사

1969년 국민대학교 행정학과에 함께 입학했으니 유이상 장로를 만난 것도 52년을 넘겼습니다. 참으로 많은 세월이 흘렀습니다. 같은 전라도 출신에 어렵사리 대학을 다니느라 허덕이던 세월이 있었고, 사랑하는 친구 백화종과 더불어 그때부터 우리는 참으로 정다운 친구로 지금까지 살아왔습니다. 그렇게 오랜 세월을 함께 지냈지만 우리는 한 번도 다투거나 인상을 찌푸렸다거나 했던 기억이 없습니다. 서로 눈물겨울 만큼 애틋한 우정으로 아끼며 여기까지 왔으니 이토록 아름다운 추억이 따로 있기도 어려울 것입니다. 벌써 몇 년 전에 화종이는 우리를 뒤로하고 세상을 떠나버렸습니다. 서울 법대를 가고도 남을 실력이었지만 워낙 가정형편은 어렵고 형제는 많은 탓에 국민대 장학생으로 들어왔던 화종이를 보내고, 유 장로와 나는 요즘도 가끔씩 만나 지난날을 회고하면서 나머지 인생을 진지하게 의논하며 살아가는 그러한 시간이 몹시 행복합니다.

  내가 아는 유 장로는 수많은 이웃들을 도우며 살아 왔고, 지금도 그렇게 살아갑니다. 북한의 어려운 동포들까지도 품어 안으려는 실제적인 노력과 투자를 아끼지 않았습니다. 그러고도 본인은 그러한 헌신들을 특별하다고 생각하지 않고 하나님이 주신 것을 하나님께 나누며 사는 것이라며 흘러가는 물처럼 유유히 인생길을 걸어가는 모습이 너무도 아름다운 친구입니다. 유 장로는 아들 하나를 먼저 천국으로 보낸 아픔이 있는 사람입니다. 나는 우리 친구 유 장로의 모습에서 천국의 아들 모습을 살고 있는 것으로 느껴지는 때가 많이 있습니다. 아니 천국의 아들을 생각하며 걸어가는 아버지의 모습인지도 모르겠습니다. 성철 스님이 '산은 산이요, 물은 물이로다'라는 법어를 내리셨다는데 예수님을 닮고자 노력하는 유 장로는 산처럼 물처럼 유유히 흘러가면서도 늘 어려운 이웃이 또 어디에서 고통받는가를 걱정하는 말 없는 성인의 그림자까지를 닮은 그러한 친구입니다.

  어찌 다 한 권의 책에 그의 인생을 담을 수 있으랴마는 띄엄띄엄 기록으로라도 살아온 지난 일들이 쓰여져 우리들의 눈으로 읽을 수 있게 된다니 더 이상 기쁜 소식이 아닐 수가 없습니다. 평생 남편을 배려하며 함께 동무로 지켜 오신 김재남 여사님께도 고마움의 인사를 전해 올리며 유 장로의 남은 장래에 평안과 융성이 늘 함께하시기만을 두 손 모아 기도드리고 싶습니다.

장영달_ 전 국회의원

지금까지 크리스천 기업인들의 간증을 듣거나 그들이 쓴 간증집을 보면 주로 하나님이 기업에 복을 주셔서 돈을 많이 벌게 되었다는 것과 그것을 가지고 하나님 사업하는 데 헌금을 풍성하게 했다는 내용이 주를 이루었습니다. 물론 그 자체는 참 은혜스러운 간증이고 믿음의 사람들에게 도전과 격려가 되지만 기업인의 간증으로는 항상 아쉽다는 느낌을 떨치지 못했습니다. 나는 크리스천이 가지고 있는 믿음이 기업경영을 하는 데 어떤 영향을 미쳤으며, 세상의 다른 기업인들과 어떻게 달랐는지를 알고 싶었는데 그런 이야기는 별로 다루지 않았기 때문입니다.

그런데 이번에 유이상 회장님이 쓴 간증집은 바로 그런 나의 갈증을 채워 주기에 충분했습니다. 개인 신앙에 대한 간증이지만 주로 기업경영에서 그의 신앙의 가치관이 적용된 것이어서 다른 크리스천 기업인들에게 유익한 자료가 될 수 있을 뿐 아니라 세속의 기업인들에게도 크리스천 기업의 모델이 될 수 있을 것 같습니다.

그렇게 생각하는 이유는 첫째, 기업 현장에서 실제로 경험할 수 있는 살아 있는 이야기들이기 때문입니다. 크든 작든 기업을 경영하는 사람들은 그의 간증을 들으면서 쉽게 공감을 할 것입니다. 둘째, 기업 현장에서 결정하기가 쉽지 않은 상황에서 믿음으로 결단한 사례들이기 때문입니다. 아마도 기업 경영에 공감하는 사람들은 그의 결단에 도전을 받을 수 있을 것입니다. 셋째, 이런 경영 이야기는 세상에 알려지면 빛이 되어 하나님께 영광을 돌릴 수 있기 때문입니다. 종교에 관심이 없는 비신자들이 경영에 나타난 그의 신앙적인 가치관을 본다면 기독교 신앙에 관심을 갖게 되지 않을까 생각합니다.

개인적으로 나는 그의 경영 사례만 갖고도 작은 경영 책자를 만들어 소개하면 좋겠다는 생각이 듭니다. 이 책이 기독교 신앙과 기업 경영과의 거리를 많이 좁혀 준 것 같아서 이 책을 읽는 크리스천 기업인은 물론 신앙과 현실 세계 사이의 괴리 문제로 고민하는 크리스천들이 믿음으로 산다는 것이 어떤 것인지를 알 수 있지 않을까 기대가 됩니다.

방선기_일터개발원 원장

유이상 회장님과의 의미 있는 만남은 2012년 1월 중보기도 요청 후입니다. 인수한 공장이 다 타버렸을 때, 그의 표정과 말은 CBMC 시화지회 모든 회원들을 감동시켰고, 이후 빠르게 공장을 건축하고 제품을 만들어 내는 모습에서 또 한번 감동을 주었습니다.

"평소 쌓아 둔 기술과 실력이 만들어 냈다"는 고백은 우리에게 많은 교훈을 줍니다. 유 회장님이 걸어온 길은 정말 험한 길입니다. 그러나 좌로나 우로 치우치지 않은 것은 CBMC가 자신에게 준 비즈니스 세계에서의 지혜(가치관)였다는 그의 고백을 들으며 CBMC가 왜 존재하는지 다시 한번 생각하게 됩니다.

　유 회장님의 말씀 중에 "70 평생 해온 일은 씨앗을 뿌린 일이다. 그것은 수확을 생각하며 가능성과 희망을 가지고 하는 일이다. 씨 뿌리고 가꾼 만큼 거두는 일은 쉽지 않다. 그러나 주어진 일이 소명이라고 생각하기에 오늘도 즐겁게 한다."는 말이 다가옵니다.

　일터에서 그리스천으로서 해야 할 일을 고민하는 CBMC 회원과 크리스천 직장인들에게 이 책을 권합니다.

이대식_ 한국기독실업인회(CBMC) 중앙회장

목차

*

추천사	4
들어가는 말	16

● 1부 일찍 철이 든 유년 시절: 고창에서 서울로

1. 가난했지만 행복한 추억 23

   열두 명의 대가족 속에서 / 눈깔사탕 사친회비 / 아빠싸, 달걀 속에 병아리가 / 검정 고무신과 맨발의 소풍길 / 끝내 가지 못했던 수학여행 / 퇴비 증산과 지게꾼 어린이 / 배수로에서의 하룻밤

2. 고향을 떠나 서울로 34

   고민으로 밤잠 설친 중학생 / 16살에 서울 가겠다며 독립 선언 / 내 삶을 지킨 어머니의 한마디

3. 생존투쟁이었던 서울살이 39

   신문 배달로 시작한 자립 / 친구와 시작한 첫 장사

4. 꿈을 향해 달리고 또 달렸던 나날들 44

   동아일보에서 받은 표창장 / 50명에게 혜택을 주는 사람이 되자

5. 어머니, 나의 어머니 50

   부모님이 행동으로 보여주신 가족의 화목 / 좋은 것만 남겨 주고 떠나신 어머니

● 2부 미래를 향한 도전

1. 드디어 대학생이 되다 59

   서울대 입학 중학 동창들의 자극 / 대학 3총사 / 소외된 자를 생각하며 / 늘 힘이 되고 지켜봐 주는 마음

2. 어둠의 옆길에서 위험한 유혹을 뿌리치고　　　　　　　67
　　커피 판매하다 계란 장사 / 다방 레지의 밑바닥 삶 / 어머니의 신신당부로 수렁에서 벗어나다

3. 군, 대학, 그리고 첫 직장　　　　　　　　　　　　　71
　　의식주 걱정 없어 행복했던 군 생활 / 낭만 없이 보낸 대학 생활 / 동아일보 특채 입사 포기하고 사업의 길로

4. 반려자를 만나 화목을 꾸리다　　　　　　　　　　　76
　　내 인생의 조랑말 / 잘 맞고 잘 통하는 나의 반쪽 / 평생 힘이 되어준 내 편

5. 첫 사업을 위한 선택　　　　　　　　　　　　　　　82
　　3만 원 월급에서 1만 원 월급으로 제조업에 투신 / 너무 빨리 박스공장 사장이 되다

6. 야심차게 시작했지만, 납품 과정서 잇따른 고비　　　85
　　'풍년기업사'란 이름으로 시작 / 납품하는 업체로서의 고충

7. 고마운 자녀들, 가족 예배의 축복　　　　　　　　　90
　　구두 뒤축이 다 닳았던 때 / 가장 소중한 선물을 남기고 떠난 고마운 아들 / 잘 자라 준 자녀, 삶의 방향타가 된 가족 예배 / 가장 행복했던 여행

● 3부 험한 파고를 넘다

1. 부도를 당한 후 내가 선택한 생존 방식　　　　　　101
　　자산의 3배가 넘는 부도를 당하고 / 죽자 사자 노력해서 살아남은 그 시간 / 시련은 나를 더 단단하게 만들어

2. 기독교인으로서 경영하는 법을 배우는 시간　　　　107
　　서울청년기독실업인회와의 첫 만남 / 안산에 CBMC를 개척하다 / 기독실업인회에서 배운 대로 경영하기 / 빛과 소금의 ㈜LS, 풍년그린텍 품으로

3. 숭실대 AMP에서 지식과 사람을 얻다　　　　　　115
　　아홉 명의 '야자회' / 큰 손실 입힌 친구 손 잡고 기도 / 소중한 인연들

4. 펄프몰드 사업으로 방향 전환을 모색하다 … 120
"하나님, 너무 힘듭니다" / 친환경 포장완충재 펄프몰드에 빠지다 / 뜻밖에 받게 된 도움

5. 무식한 용기가 낳은 최고의 기술력 … 126
미국 회사와의 계약은 불발되고 / 펄프몰드 사업에 한 발을 내딛다 / 무에서 유를 창출한 가슴 벅찬 사건

6. 은혜로…새 사업의 안전한 시작 … 132
하루 전날 취소한 은행장과의 약속 / 분수를 지킬 때 위험을 피할 수 있다 / 또 하나의 대안을 가지고 버티기 / 사업 다각화 차원서 못자리용 매트 초아방 인수

7. 신의는 위기를 넘길 수 있는 힘 … 138
삼성 납품도 포기하고 / 마음 깊은 곳에서 나오는 간곡한 기도 / 위기를 벗어나도록 인도해 주신 하나님

● 4부 사업을 성공으로 이끈 지혜들

1. 펄프몰드, 대세로 떠오른 친환경 완충재 … 147
달걀 보관, 볏짚에서 펄프몰드로 / 후발주자로 시작해 업계 1위로

2. 원칙을 지키면서 지혜를 발휘해 은혜를 입다 … 151
처음부터 꽃길은 아니었다 / 두 번째 카드가 도약의 발판이 되다

3. 무리한 투자는 독배가 될 수 있다 … 154
대기업의 솔깃한 제안을 거부한 이유 / 실용적 투자로 도약의 발판 마련 / 가격경쟁력을 갖춘 시설투자가 성공 견인차

4. 인생의 원칙, "씨 뿌려 가꾼 만큼 거둔다" … 160
직접 기계를 제작하는 실력을 갖추다 / 결코 헛되지 않은 땀과 인내, 노력의 시간들 / 실패, 이유를 분명히 깨달아야 / 실패작이 효자 돼 또 다른 성공의 디딤돌 / 모든 책임은 나에게

5. 성공을 시기하는 사람들을 넘어   169
   경쟁 회사의 질투와 두 번의 고발 / 비즈니스 세계의 씁쓸한 현실 / 결국 우리 회사에 통합, 사과도 받아내

6. 꿈꾸는 자에게 미래는 열려 있다   174
   사업에서의 자신감과 지혜 / 꿈을 향해 쉬지 않고 걷는 사람 / 플랜트 수출로 세계 시장을 꿈꾸다

● **5부** 우직하게 지키는 원칙 흔들리지 않는 인생

1. 작은 목표를 이루어 갈 때 행복하다   183
   직원이 즐겁게 일할 수 있는 회사 / 함께 일하고, 서로 섬기며, 같이 성장해야 / 술 접대는 금지 / 알파벳과 천자문 가르치기 / 신불자에게 희망을 / 임원이 회사 분위기를 이끈다

2. 양심과 신앙을 지키며 산다는 것   191
   가까운 사람에게 인정받아야 / 사는 모습도 중요하다 / 세금은 항상 정직하게 내야 / 하나님 그분을 의식하며 경영하라

3. 말의 소중함, 조언은 귀에 거슬리지만 보약   197
   남의 흉을 보지 말라 / 뱉은 말은 반드시 책임져라 / 존중에서 하는 진정한 조언이라면

4. 경찰서도 법원도 모르고 사업, 하나님의 은혜   202
   납품 대금을 떼여도 / 재기해서 진짜 절반 갚은 유일한 경우 / 용서와 인내가 가져오는 마음의 평화

● **6부** 크리스천 기업가로서의 소명

1. 하나님과 함께하는 기업   209
   사업에 전력투구하며 기도하라 / 묻고 또 묻고! 하나님이 기뻐하실까 / 일터가 곧 교회다

2. 내 자리에서 지키는 올바름   214
   부당한 요구 거절했다 거래 중지 / 좁고 어려운 길 선택 / 손해를 선택했는데 돌아온 반전 / 하나님의 질서는 세상과 다르다

3. 가장 힘들게 쓴 편지   220
   크리스천으로 살아가는 길 / 목사님을 정말 사랑했기에 / 추억이 담긴 교회를 떠나면서

4. 운전과 닮은 인생   226
   준비와 기본이 부족하면 대가를 치른다 / 생명까지 위협받은 자동차 강도 / 처음이자 마지막 음주운전이 남긴 교훈 / 착한 운전 습관을 갖자

5. 주저앉은 사람들을 일으켜 세우는 이웃사랑   232
   작은 손길이 결정적 도움 / 크리스천 기업가가 줄 수 있는 선한 영향력

6. 환난 가운데 누린 평안   235
   새해 시무식을 앞두고 들은 라디오 뉴스 / 모든 것이 타버렸다 / 우리는 할 수 없는 일을 하신 하나님 / 환난 중에 흘러나오는 감사들 / 평소 쌓아둔 기술이 실력을 발휘하다 / 은혜로 입증된 전화위복

● 7부   하나님이 주신 가슴으로 사랑의 씨를 뿌리다

1. 겨자씨 같은 사랑을 심다   251
   발랑리, 그 인연의 시작 / 겨자씨사랑의집 초대 이사장 / 하나님의 이끄심으로 / 우리는 모두 주님의 도구일 뿐

2. 태국에 예수마을 설립해 사랑 전하기   263
   피터 강 선교사 부부와 인연 / 태국 소수 민족 사람들과 마을 만들기 / 마을의 중심인 교회를 짓다 / 그들의 변화를 통해 얻는 기쁨 / 라후족 사회 중심지가 된 풍년그린텍홀 / 산족 어린이의 후원자가 되다

3. NGO 굿파트너스와 스리랑카 국제관광학교   271
   배움이 부족한 세계의 청년들을 살리는 길 / 스리랑카에 관광호텔경영학교의 기초를 세우다

4. 눈앞의 이익 아닌 미래를 위한 선택   276

"주님의 영광이 온 세상에"라는 뜻의 '주영' / 김일성화위원회 / 평양 양각도에 500평 온실 지었지만 물거품 / 북한에서 선의를 가진 시도들 / 언제든 그들 마음대로 / 체제 특성상 북한에서의 사업은 난망 / 투자 손실을 예상하고도 사업을 벌인 이유는

5. 언젠가 올 그날을 위해 지금은 씨를 뿌리자   289

믿고 맡긴 사람의 비리와 부정 / 아버지의 마음 앞에서 / 가능성과 희망을 보고 씨를 뿌리다

나가는 말   300

들어가는 말

계란판을 가득 실은 대형트럭이 잇따라 회사 정문을 빠져나가고 있다. 보통 하루 평균 20대 이상의 트럭이 이렇게 계란판을 싣고 나간다. 많을 때는 30대로 늘어나기도 한다. 하루에 평균 100만 장 이상의 계란판이 출고된다. 가끔 전국적인 조류인플루엔자 같은 이슈가 있을 때는 산란 수가 줄어 출고량이 줄기도 하지만, 큰 변동은 없는 편이다. 우리나라 계란판 수요의 65% 정도를 공급하고 있으니, 우리 회사에 변고가 생기면 우리 식탁의 필수품인 계란 유통이 일시적인 혼란을 겪을 수도 있겠다. 그만큼 꼭 필요한 존재가 되어 감사할 뿐이다.

나는 1948년생이다. 어느새 70 중반이 되었다. 사업은 1978년 나이 30살에 풍년그린텍을 시작해 오늘에 이르렀다. 40년 넘게 사업을 하면서 경찰서도, 법원도 모르고 살았다. 이런저런 일로 고소 고발 사건에 연루되는 일이 흔한 회사 대표가 그러기는 쉽지 않은 일이다. 그럼에도 불구하고 내가 경찰서나 법원과 무관하게 살 수 있었던 것은 하나님의 특별한 보호하심과 은혜가 있었기에 가능했다. 이 생각을 할 때마다 나는 너무너무 행복하고 감사하다.

어린 시절 시골에서 자랄 때는 그나마 평탄했지만, 사춘기 시절 서울 생활은 정말 위험천만한 일들로 가득했다. 주변 환경은 어두운 길로 빠지기에 너무나 유혹적이었다. 야간고등학교를 다닐 때 주변 친구들 중에는 소매치기, 열차 내 잡상인, 구두닦이 등도 있었다. 짧은 기간이었지만, 가난하기 때문에 주위 환경이 구렁텅이에 빠져들 위험은 늘 도사리고 있었다. 하지만 그 고비를 잘 넘길 수 있었고, 오늘 여기까지 큰 문제 없이 올 수 있었으니, 이는 나를 지켜 주시는 하나님의 은혜였다고 고백하지 않을 수 없다.

생각해 보면 70 평생 해 온 모든 일이 씨앗을 뿌리는 일이었다. 열매와 수확을 생각한다면 먼저 해야 할 일은 씨앗을 뿌리는 일이다. 씨를 뿌리는 것은 가능성과 희망을 가지고 하는 일이며, 씨를 뿌리는 사람만이 거둘 수 있다. 씨를 뿌리지 않으면 아무것도 거둘 수 없다. 물론 씨를 뿌렸다고 언제나 열매와 수확이 보장되는 것은 아니다. 하지만 그렇다고 해서 씨 뿌리는 일을 포기해서는 안 된다. 씨 뿌려 가꾼 만큼 거둔다는 것은 평생 내가 지켜 온 원칙이자 희망이다. 씨를 뿌리고 가꾸는 일은 결코 쉬운 일은 아니다. 그러나 열매를 바라보며 나에게 주어진 일을 소명이라고 생각하기에 쉬지 않고 달릴 수 있었다. 소명을 가진 사람은 피곤하지도 않고 지칠 줄도 모른다. 소명을 가진 사람은 언제나 즐겁게 일한다. 그래서 소명으로 하는 일은 반드시 이루어진다는 믿음이 있다.

어렵게 책을 쓰겠다는 용기를 내게 되었다. 코로나19로 취업 등에서 더욱 어려움을 겪는 청소년들, 방역 강화로 부도 위기에 내몰린 중소기업과 자영업자들이 희망의 끈을 놓지 않고 더 열심히 살아가는 데 있어 나의 역경 극복 과정이 조금이라도 도움이 됐으면 하는 생각을 했다. 특히 크리스천 기업인들이 어떤 소명의식을 갖고 사업을 해야 하는지, 회사 직원은 물론 사회 구성원들에게 어떤 역할을 해야 하나님의 뜻에 부합하는 것인지, 내 나름대로 사업을 하면서 얻은 그 같은 경험을 나누고 싶었다.

이 책이 나오기까지의 모든 공을 오늘의 나를 이끌어 주신 하나님께 돌린다. 또 묵묵히 나를 믿어 주고 따라 주며 함께 기도해 온 아내 김재남, 딸 세인이와 아들 성은이에게 고맙다는 말을 하고 싶다. 그리고 늘 함께해 준 CBMC 회원들과 우리 회사 모든 임직원들, 나를 격려하고 지켜봐 준 누나들과 형제들에게 이 책을 바친다.

1부

일찍 철이 든
유년 시절:
고창에서 서울로

1

가난했지만
행복한 추억

열두 명의 대가족 속에서

1948년 5월은 여느 봄날과는 다른 봄이었다. 그해 5월 10일 대한민국에서는 8.15 광복 후 UN의 감시 아래 제헌국회를 위한 총선거가 실시됐다. 제헌국회는 우리 헌정사상 최초로 구성된 의회다. 소련의 거부로 북한 지역에서는 선거가 불가능했고, 남한에서만 단독 선거가 치러졌다. 투표율은 경이적이었다. 600만 명 정도가 참여할 것이라는 〈뉴욕타임스〉의 예상을 넘어 800만 명의 유권자가 투표에 참여, 95.5%라는 쉽게 깨질 수 없는 투표율을 기록했다. 그리고 1948년 5월 31일, 마침내 제헌국회의 첫 번째 회의가 열렸다.

이렇게 대한민국의 민주주의가 시작된 그해 5월, 나의 인생도 시작됐다. 어머니는 5월 23일(음력 4월 15일) 일요일에 나를 낳으셨다. 아들로는 두 번째, 자식으로는 여섯 번째였다. 어머니는 내리 딸 넷을 낳은 후 1945년 첫아들인 형을 보셨다. 집에는 고모 세 분에 딸 넷, 그래서 여자만 일곱이 있어서 아들로는 처음인 형은 엄청 귀한 대접을 받았다고 한다. 차남인 나는 그렇게 특별한 대우를 받았던 기억은 없다.

그 시절, 대한민국 국민 대부분은 가난했다. 해방 직후 우리나라 1인당 국민소득은 45달러에 불과했다. 세계 최빈국에 속했다. 나의 고향 전라북도 고창군 고창읍에 사는 이들도 가난의 그늘에서 예외일 수 없었다. 농사를 짓는 우리 부모님은 거두어야 할 식솔이 많아 고생이 이만저만이 아니었고, 나를 비롯해 모든 식구들은 일찌감치 집안일을 거드는 일손이 되어야 했다. 그것은 매우 자연스러운 현상이었다.

우리 집은 대가족이었다. 할아버지, 할머니, 아버지, 어머니, 누나 넷, 형님, 그리고 동생 둘. 12명의 식구가 한 집에 살았다. 우리 집은 소, 염소, 닭을 키우고 논농사와 밭농사를 짓는 전형적인 농촌 가구였다. 나는 지금도 아버지를 따라 산과 들로 일하러 다녔던 기억이 선명하다. 우리 집이 유난히 더 가난했던 것은 아니었다. 모두 가난했던 시절이었을 뿐이다. 오히려 우리 집 형편은 주위에 비하여 훨씬 나은 편이었다. 아버지는 자작농이셨고, 집에는 일하는 일꾼도 있었다. 나라 전체가 가난해서 사람들은 먹을 게 항상 모자랐고 배가 고팠다. 밥을 굶고 사는 사람들이 허다했으며, 끼니를 거르는 것도 일상이었다.

하지만 그런 가난함에도 불구하고 서로 상대방을 배려하는 모습은 훈훈했다. 밥은 늘 보리밥이었지만 어머니는 집안 어른인 할아버지와 할머니 밥 위에 항상 조금이나마 쌀밥을 얹어 드렸다. 집에 오신 손님 밥 위에도 쌀밥을 얹는 인심과 예를 차렸다. 뻔히 집안 형편을 아는 손님은 으레 아이들의 허기진 배를 생각해 밥을 남기곤 했는데, 부모님은 다 드셔야 한다며 남은 밥에 얼른 물을 붓기도 했다. 없는 형편을 헤아리며 서로를 생각하는 소박한 미덕이 있었던 것이다. 그 당시 나는 어른들이 그 맛있는 밥을 왜 남기는 것인지 도무지 이해하지 못했다. 그것이 은근한 배려라는 걸 알게 된 것은 한참 뒤 어른이 되고 나서였다.

눈깔사탕 사친회비

초등학교에 입학한 후 학교에 책값을 냈는데, 거스름돈으로 5환을 받았다. 1962년 화폐개혁 이전이라 그때는 환이라는 단위를 썼다. 화폐개혁으로 10환이 1원이 되었으니, 5환이 그리 큰 돈은 아니었다. 시골에서 어린아이가 돈 가져 볼 일이 없는 데다가 처음 만져 본 돈이라 어린 나는 그것이 마냥 신기하기만 했다. 그리고 집에 돌아오는 길에 학교 앞 가게에서 눈깔사탕의 유혹을 이기지 못하고 5환으로 사탕 1개를 사 먹었다. 집에 돌아온 나는 그 일로 엄하신 어머니한테 무섭게 혼이 났다. 도덕성을 몸으로 배운 최초의 기억이다.

1946년생인 고 노무현 대통령도 초등학교 때 사친회비를 못 내서 수업시간에 쫓겨났었다는 이야기를 들은 적이 있다. 1960년대를 전후로 가난한 대한민국에서 학생이었던 이들에게 사친회비에 대한 그런 추억은 꽤 많다. 사친회비는 부모들이 학교에 내는 돈으로, 이른바 학교 운영비 같은 것이다. 어느 날 학교에 갔더니 선생님이 사친회비를 안 낸 사람은 지금 당장 집에 가서 가져오라고 집으로 돌려보냈다. 가난한 농촌에서 돈 구경하기는 진짜 힘들었고, 나뿐만 아니라 누나와 형도 학생인 상황에서 우리 집에 사친회비 낼 돈이 남아 있을 리 만무했다. 집에 가도 돈이 없을 게 뻔했다. 선생님의 재촉에 학교를 나서긴 했지만 나는 집으로 가지 않았다. 다리 밑에서 놀면서 시간을 보내다가 학교에는 빈손으로 돌아갔다. "집에 갔는데 부모님이 안 계셔서 못 가져왔습니다." 선생님의 눈총을 받으며 나는 내 자리에 가서 앉았다. 나는 그렇게 철이 들기 시작했다.

아뿔싸, 달걀 속에 병아리가

유년의 기억에는 정말 잊을 수 없는 추억이 또 하나 있다. 셰익스피어의 연극 〈베니스의 상인〉. 고창이라는 촌구석에서 베니스의 상인이라니. 지금 생각해 봐도 그것은 신기한 추억이다. 하지만 고창과 연극은 '고창고보(고창고등학교 전신)'라는 민족사학의 존재와 깊은 연관성을 가지고 있다. '북의 오산고보, 남의 고창고보'라는 말이 있을 정도로 고창고보는 조국 광복의 터를 닦아 온 역사적인 학교였고, 민족의식이 강한 선생님들이 많았다. 중학교와 고등학교가 같이 있었는데 역사와 전통에 빛나는 학교 자랑을 너무 많이 들었다. 특히 고창은 고창고보 악대의 활약으로 무대 공연과 악극 같은 공연 예술이 다른 지역보다 일찍부터 익숙해졌다고 알려져 있다.

  그 시절, 고창에는 이미 극장이 존재했다. 벤치 형식의 나무 의자 관람석에 500명 넘게 입장할 수 있는 고창극장에서 수시로 공연이 벌어졌다. 이와 같은 문화예술의 분위기가 내가 살던 마을에도 흘러들었다. 가을걷이가 끝난 들판에 차양을 쳐서 무대를 만들고 관객들은 논바닥에 앉아 아이들이 펼치는 재롱을 즐겼다. 연극과 노래자랑 등을 즐기는 일이 마을 사람들에게는 곧 축제와 같았다. 그때 연극을 몇 번 했고, 그중에 가장 기억에 남는 것이 베니스의 상인이다. 나는 주인공 아닌 단역을 맡았었는데, 그때 불렀던 노래는 지금도 기억하고 있을 정도다. 당시 누군가 날달걀을 먹으면 목소리가 잘 나온다고 해서 연극 무대가 열리던 날 저녁 무렵, 나는 암탉이 알을 품고 있는 닭둥지로 가서 어미 닭을 밀어내고 달걀 하나를 꺼냈다. 그리고 집 뒤쪽으로 가서 껍질을 톡톡 깼다. 그런데 아뿔싸, 나는 깜짝 놀라 달걀을 던지고 말았다. 달걀 안에 반쯤 자란 병아리가 들어 있었던 것이다. 어린 마음에 노래를 좀 더 잘해 보겠다는 생각이 부른 참사였다. 이후 한동안 달걀 깨는 것이 겁이 났다.

검정 고무신과 맨발의 소풍길

지금도 4월이 되면 선운사에서 동백꽃 축제가 열린다. 하지만 나는 선운사 하면 동백꽃이 아니라 검정 고무신이 먼저 떠오른다. 검정 고무신을 신고 선운사로 원족을 다녀왔기 때문이다. 그때는 소풍을 원족(遠足)이라고 했다. 선생님 인솔 아래 산이나 들, 아니면 명승지를 찾아 줄지어 걸어갔다가 밥을 먹고 오는 연례 행사였다. 그해 원족은 좀 특별했다. 도산초등학교에서 선운사까지는 12km가 넘는 꽤 먼 거리다. 선운사로 1박 2일에 걸쳐 원족을 다녀오는데, 선생님은 쌀을 한 됫박씩 가져오라고 했다. 쌀 한 됫박은 돈으로 치면 상당히 큰 액수였고, 이걸 가져올 수 없는 아이들은 원족을 가지 못했다.

지금과 달리 선운사까지 가는 길은 고되기 짝이 없었다. 비포장 들길과 험한 산길을 3시간 넘게 걸어야 했다. 길 사정도 고약한데, 신발 꼴은 더 험악했다. 내 신발은 검정 고무신이었다. 지금처럼 고무 품질이 좋은 시절이 아니었다. 낡은 검정 고무신을 신고 산길을 걷다 보니 신발 밑창은 금방 떨어져 나가 버렸다. 알량한 고무신이었지만 버릴 수는 없었다. 산에 있던 칡넝쿨로 발에서 떨어지지 않게 고무신을 꽁꽁 묶었다. 반 친구들 무리에서 떨어지지 않으랴, 고무신 묶으랴 마음이 바빴다. 칡넝쿨로 발에 묶은 고무신은 자꾸만 풀어졌고, 수없이 다시 매기를 반복했지만, 결국 고무신은 있으나 마나가 되었다. 선운사 가는 길은 아픈 맨발 길이 되고 말았다. 어린아이가 돌밭 길을 거의 맨발로 걸어간 꼴이니 다리도 발도 너무 아파서 선운사도 동백꽃도 기억에 없다. 그저 아픈 발과 검정 고무신의 기억만 있을 뿐이다.

끝내 가지 못했던 수학여행

초등학교 때 6학년에겐 수학여행이란 특별한 프로그램이 주어졌다. 하지만 나에게 수학여행은 그림의 떡과 같았다. 96명의 졸업생 중 수학여행을 간 아이들은 24명에 불과했다. 나는 24명에 속하지 못했다. 빠듯한 집안 형편을 잘 알고 있어서 부모님에게는 수학여행이 있다는 말씀을 아예 안 드렸다. 부모님은 수학여행을 보내든 안 보내든 마음이 아프실 게 뻔했다. 경비를 마련하자면 무리가 되었을 것이고, 안 보내자면 자식에게 미안했을 것이다. 그러니 나는 수학여행 이야기를 아예 꺼내지 않은 것이다. 철이 일찍 들었던 것 같다.

그때 기억으로 수학여행 경비는 400원이었는데, 거기서 절반인 200원만 내도록 할 테니 수학여행을 보내 달라며 담임 선생님이 집으로 찾아오셨다. 단체 여행이라 어느 정도 인원이 되어야 했기 때문에 선생님이 가가호호 방문해 부모님들을 설득하고 나선 것이다. 그 자리에서 나는 다시 철든 티를 냈다. "저는 수학여행 안 가요. 가고 싶은 마음이 없어요." 더는 설득할 필요가 없게, 똑부러지게 부모님과 선생님 앞에서 말씀드렸다. 물론 거짓말이었다. 친구들이 볼 서울역과 남대문과 동물원과 전차를 나도 보고 싶었다. 고창 촌놈에게 서울은 쉽게 갈 수 없는 대단한 곳이었다. 아마 부모님한테 조르면 갈 수 있었을지도 모른다. 하지만 누나와 형과 동생들이 모두 학생이었다. 뻔히 보이는 집안 형편을 모른 척할 수 없었다. 친구들은 완행열차를 타고 서울로 수학여행을 다녀왔다. 내 마음에 수학여행은 그렇게 빈자리로 남아 있다.

퇴비 증산과 지게꾼 어린이

초등학교 때 정부에서는 비료가 부족해서 '퇴비 증산'을 대대적으로 장려하고 있었다. 좋은 퇴비를 많이 만들어 논과 밭을 기름지게 하기 위해서였다. 마을에서는 퇴비를 많이 모으는 경진대회까지 열리고 퇴비 증산왕을 뽑기도 했는데, 그 여파는 초등학교에까지 불어닥쳤다. 학생들에게 등교할 때마다 풀을 한 보따리씩 가져오게 했고, 이것을 반별로 모아 놓고 어느 반이 제일 많이 쌓았는지 경쟁을 붙인 것이다.

옆 반 선생님은 우리 담임 선생님보다 젊은 분이어서 퇴비 증산을 더 열정적으로 독려했다. 누가 시킨 것도 아닌데, 나는 옆 반에 지기 싫어서 퇴비를 지게에 한 짐 짊어지고 갔다. 전교에서 지게를 지고 퇴비를 가져온 아이는 나뿐이었다. 머릿속에는 다른 친구들보다 좀 더 많이 베어 가지고 가서, 옆 반에 지지 말자는 생각뿐이었다. 신기하게도 얼마 전 만난 초등학교 여자 동창 친구가 그때 일을 기억하고 이렇게 말했다. "네가 퇴비를 지게에 짊어지고 온 걸 보고, 쟤는 밥은 먹고 살겠구나 했다." 어쩌면 내가 가진 성실함과 근성이 공개적으로 드러난 첫 번째 일이었는지도 모르겠다.

  초등학교를 졸업한 뒤 곧바로 중학교에 진학하지 않고 1년을 쉬었다. 왜 그랬는지는 기억이 정확하지 않다. 아마 형제가 많다 보니 매일 돈 달라는 형제가 많아 고생하시는 부모님을 생각해서 그랬지 않았을까 싶기도 하다. 1년 동안은 거의 집안일을 거들며 살았다. 그중에서 가장 많이 한 일이 산에 가서 땔감 나무를 베어 지게에 짊어지고 오는 일이었다.

배수로에서의 하룻밤

  모든 게 부족한 시절이다 보니 땔감도 늘 구하러 다녔다. 나무하러 가는 문수사 쪽은 집에서 10km 이상 떨어져 있는 먼 길이었다. 지게를 지고 문수사가 있는 산에 올라갈 때는 괜찮았는데, 나무를 잔뜩 지고 내려올 때는 하산 길이라 지게의 목발이 땅에 걸리곤 했다. 그러면 나무가 한 짐 얹어진 지게와 함께 구르기 일쑤였다. 그때마다 고통은 이만저만이 아니었다. 무릎이나 손바닥에서 피가 나기도 했고, 허리나 다리를 삐끗하면 너무 아파서 눈물이 나기도 했다. 지금으로 치면 초등학교를 졸업한 어린아이가 감당하기엔 다소 가혹한 노동 같지만, 그때는 그런 일을 아무렇지도 않게 해냈다. 샘물이 나는 곳에서 실컷 찬물을 마시며 허기를 달래는 것이 고작이었다.

어느 이른 가을날, 세 살 위 형과 함께 집에서 10km도 더 떨어진 솔재 쪽으로 나무를 하러 갔다. 솔재는 전북 고창군과 전남 장성군의 경계를 이루는 재다. 집에 오고 가는 시간을 줄이기 위해 그날은 산에서 노숙을 하였다. 도로 밑에 배수로가 있어서 양쪽을 막으니 방 같은 구조가 되어 거기서 잠을 잤다. 그날 밤, 하루 종일 나무를 한 탓에 몸이 녹초가 되어 정신없이 잠에 빠져들었다. 그런데 밤중에 비가 많이 와서 순식간에 배수로로 물이 흘러들었다. 잠을 자다가 물벼락을 맞은 꼴이 되었다. 온몸이 푹 젖은 채 한밤중에 집으로 돌아와야 했다. 깜깜한 밤, 비에 홀딱 젖은 채로 추위에 떨며 무려 10km 이상을 걷는 것은 참 험난한 일이었다. 불빛 하나 없는 산길과 들길을 온몸이 젖은 채 십대 소년 둘이 걸어가는 모습은 안쓰럽기 짝이 없었을 것이다. 지금 생각해 보니 측은한 생각이 든다.

그런데 참 이상하게도 그 시절 나와 형은 별일 아닌 것처럼 여겼다. 그보다 더한 일들을 날마다 보고 겪어서 그랬을까. 그 정도쯤은 다들 겪는 일이라고 생각했다. 몸이 고되고, 배가 고프고, 딱한 사정들이 흔해 빠진 시절이었다. 나 혼자 겪는 일이 아니었다. 또 어려웠던 시절들이 꼭 나쁜 것만은 아니다. 그 어려웠던 시절이 있었으니 지금이 더더욱 감사함으로 다가온다. 끼니를 거를 정도로 어렵진 않았지만, 모든 것이 부족했다. 나만 힘들었던 게 아니라, 그 시대 자체가 그랬다. 오히려 나는 그나마 괜찮은 편에 속했다. 하얀 쌀밥은 아닐지언정 도시락을 싸 갈 수는 있었는데, 도시락도 못 싸 오는 친구들이 많아

나눠 먹은 적이 여러 번 있었다.

돌이켜 보면 내가 초등학교 5학년이던 1959년, 대한민국 1인당 GDP는 81달러, 국내총생산은 19억 달러에 불과했다. 방글라데시, 우간다, 토고와 같은 전 세계의 밑바닥 수준이었다. 당시 유럽 선진국의 1인당 GDP는 1000달러였고 미국은 2000달러 수준이었다.

2

고향을 떠나 서울로

● ●
고민으로 밤잠 설친 중학생

내가 태어나 자란 고창읍 주곡리는 읍에서 서쪽으로 4km 정도 떨어진 곳이다. 동네는 고흥 유(柳)씨 집성촌이라, 마을에는 두세 집을 제외하고는 모두 유씨들이었다. 초등학교를 졸업하고 1년을 쉰 뒤 중학교에 들어갔는데, 선생님들은 시험 성적 결과를 늘 벽에다 붙여서 학생들을 자극했다. 학년별로 전교 1등부터 10등까지 이름을 써 붙였고, 우리 학년의 6~7명은 모두 유씨였다.

1년 늦게 중학교에 입학해 보니 초등학교 동기들은 1년 선배가 되어 있고, 중학교 동기들은 나보다 후배들이었다. 중학교를 입학한 후 선배가 되어 버린 친구, 그리고 동기가 되어 버린 후배 사이에서 관계가 조금은 껄끄러웠던 게 사실이다. 중학교에 갔다고 해서 전적으로 공부만 했던 건 아니다. 집에서는 늘 농사일을 거들어야 했고, 시험 기간이라고 해도 공부에만 매달릴 형편은 아니었다. 그래도 중학교에서는 공부를 제법 잘했다. 반에서는 늘 상위권을 유지했고, 일등을 한 적도 있었다.

중학교 3년은 금방 지나갔다. 슬슬 고민이 깊어졌다. 집안 형편이 좋은 몇몇 친구들은 광주나 전주에 있는 고등학교로 진학하기로 했다. 나는 집안 형편상 타지로 유학하는 것은 엄두도 낼 수 없었다. 이대로 고창에 계속 있게 되면 앞으로 어떻게 될까? 고창에서 집안일을 하며 고등학교를 다니게 되면 대학을 갈 수 있을까? 가업을 이어 농사를 지으면 대학 가는 일은 어려워지고, 시골에서 그럭저럭 살게 될 것만 같았다. 과감한 결단을 내리지 않으면, 내 인생은 지금과 크게 다르지 않게 흘러갈 것이라는 생각이 들었다. 고민의 밤들이 이어졌다.

16살에 서울 가겠다며 독립 선언

"고창에서 고등학교만 다니고 대학을 못 갈 바에는 서울로 가겠습니다. 일을 하든 공부를 하든 일단 하루라도 빨리 갈게요." 고창에서 고등학교를 다니라는 어머니에게 그렇게 말씀드렸다. 일찍 서울로 가서 내 길을 찾겠다는 독립 선언이었다. 부모님은 놀라며 난감해하셨다. 열여섯 어린 아들이 그 멀고도 위험해 보이는 서울로 가겠다니 말려야 할지 말아야 할지 걱정이 앞서는 것은 당연한 일이었다. 나는 어머니에게 조르고 졸랐다.

그때만 해도 십대 후반의 아이들이 서울로 올라가 제힘으로 밥벌이를 하며 공부를 하는 일이 적잖게 있었다. 주변에서 이런저런 소식들을 들으며 나도 시골에 묻혀 있느니 서울로 가서 내 길을 찾아야겠다고 생각을 굳혔다. 물론 학교를 간다는 보장은 없었다. 서울에서 객지 생활을 하며 돈을 벌든, 학교를 다니든 고창을 떠나는 것이 최선이라고 생각했다. 이대로 살지 않겠다는 내 인생 최초의 선택이었고, 더 넓은 세상으로 나가야겠다는 포부를 펼친 첫 번째 결단이었다.

1964년 12월 24일, 중학교 3학년 마지막 겨울방학을 하는 날이었다. 나는 그날 학교에 가지 않았다. 방학식에 참석하지도 않은 채 나는 어머니와 함께 서울행 기차에 몸을 실었다. 생애 처음 가는 서울 길이었다. 어머니 손에는 서울에서 혼자 살아갈 둘째 아들을 위해 어렵게 마련한 쌀 한 가마니 값 3000원이 들려 있었다. 난생 처음 가는 서울, 마음속에서 온갖 생각이 들락거렸다. 공부는 하고 싶은데 생각처럼 정말 공부를 할 수 있을지, 돈을 벌어야 하는데 과연 어떤 일을 하게 될지, 혼자 잘 지낼 수 있을지…. 서울살이에 대한 기대와 걱정과 두려움이 마음을 무겁게 짓눌렀다.

새벽녘에 서울역에 내리니 네온사인이 번쩍였다. 어머니는 나를 맡기기 위해 돈암동에 있는 당신의 여동생네, 곧 내 이모 집을 찾아갔다. 시내에서 들어가자면 아리랑고개를 넘기 전 왼쪽 산꼭대기에 있는 신흥사 근처였는데, 시멘트 블록으로 벽을 세우고 루핑(섬유 소재에 아스팔트 코팅을 한 방수포)을 지붕으로 덮은 작고 초라한 산동네 집이었다. 달랑 작은 방 두 칸에 이모 부부와 딸들 5명, 아들 1명 등 여덟 식구가 살고 있는 아주 좁은 집이었다. 딱 봐도 오래 있을 만한 곳은 아니었지만, 그렇다고 달리 갈 곳이 있는 것도 아니었다. 이모님은 그렇게 어려운 환경이었지만 나를 가족으로 받아들인 것이다. 지금도 잊을 수 없는 참 고마운 일이다. 그렇게 내 인생의 서울살이가 시작되었다.

나를 두고 내려가시는 어머니의 마음은 분명 편치 않으셨을 것이다. 아들 녀석이 고집을 부려 선택한 길이지만, 고작 열여섯 된 어린 사내가 낯설고 물선 객지에서 헤쳐 나가야 할 세상이 결코 만만치 않다는 것을 누구보다도 잘 아셨을 것이다.

내 삶을 지킨 어머니의 한마디

헤어지기 전, 어머니는 3000원을 내 손에 쥐어 주시며 분명한 어조로 신신당부의 말을 남기셨다.

"부모가 자식을 가르치는 것은 부모의 책임이다. 그렇지만 너도 잘 알다시피 집에는 너만 있는 것이 아니라 시집 갈 누나들이 둘이나 더 있고 형과 동생들도 있다. 네가 공부도 하고 돈도 벌면서 다 잘 알아서 하겠다고 하지만, 그렇게만 되면 얼마나 좋겠니. 네가 노력해서 학교까지 다니면 제일 좋겠지만, 그것까진 바라지 않겠다. 객지에서 사춘기를 보내야 할 텐데, 부디 여자를 조심해라." 의외의 한마디가 뇌리에 와 닿았다. "여자를 조심해라."

어머니는 잘 알고 계셨다. 세상에 처음 나와 거칠고 험한 인생의 파도와 싸울 때 나를 넘어뜨릴 가장 치명적인 적이 무엇인지. 그 한마디에 어머니의 마음이 오롯이 담겨 있었다. 사지와도 같은 객지에 어린 자식을 남겨 두고 떠나면서 어머니는 최고의 지침을 주신 것이다. 어머니의 그 말씀이 없었다면, 내 길은 어떻게 달라졌을지 모른다. 혜안을 가진 어머니가 계셨기에 나는 나를 지키며 내가 걸어야 할 길을 똑바로 걸어갈 수 있었다. 그래서 두고두고 어린 가슴에 살아 있는 훈계를 남기신 어머니의 혜안을 존경하고 감사드리며, 나 역시 자녀에게 어머니 같은 부모가 되고 싶다.

3
생존투쟁이었던 서울살이

신문 배달로 시작한 자립

서울에 올라온 김에 우선 내 실력이 어느 정도인지 가늠해 볼 생각으로 혜화동에 있는 동성고등학교에 입학시험 원서를 냈다. 유감스럽게도 동성고 입학시험에서는 보기 좋게 떨어졌다. 어머니가 주고 가신 돈이 있어서 시험이나 한번 보자고 호기롭게 도전한 일이었지만, 결과는 예상을 한참 빗나갔다. 내 실력의 현주소를 확인함과 동시에, 불합격은 서울에서의 삶은 평범한 학생으로 시작하는 것은 아니라는 것을 의미했다.

서울 올라온 이듬해인 1965년, 사람은 많고 일자리는 없었다. 농촌에서 살기 위해 수많은 사람들이 서울로 서울로 모여들기 시작했다. 한국개발연구원(KDI)이 내놓은 인구이동 실태 보고서에 따르면 1965

년부터 1970년까지 농촌에서 도시로 57.8%가 이동했고, 도시에서 도시로 이동한 비율이 21%다. 즉 농촌에서 대도시로, 지방 소도시에서 대도시로 이동한 비율이 79%에 이른다는 뜻이다. 전 인구의 10명 중 8명이 도시 생활을 위해 고향을 등졌던 것이다.

내 또래의 남자 아이들은 거리에서 쓰레기를 줍는 넝마주이부터 껌팔이, 구두닦이 같은 일을 했다. 여자 아이들은 남의 집에서 살며 일을 해 주는 식모살이나 버스 안내양 같은 일을 많이 했다. 미국에서 온 구제품을 받아다 길거리에서 좌판을 놓고 장사를 하던 이모님은 나에게 세탁소에서 일을 해 보라고 했다. 그런데 나는 그 일을 하기가 싫었다. 월급은 없지만 밥은 먹여 준다니까 거기서 일하며 기술을 배우라는 것이었지만 요즘 말로 하면 열정 페이를 지불하고 일을 하라는 셈이었다. 유감스러운 것은 그나마 그런 일자리마저도 흔치 않았다는 것이다. 이모님은 나를 생각해서 그런 자리라도 알아봐 준 것일 테지만, 나는 영 그 일이 내키지 않았다.

그러다가 집안 아저씨 한 분을 찾아갔다. 나이로는 여섯 살 많은 형이지만 항렬로는 나에게 집안 어른이었다. 그분이 서울에서 신문 배달을 하면서 늦은 대학에 다니고 계신다는 소식을 들은 기억이 났다. 당시만 하더라도 고창 같은 시골에서는 누군가 대학에 다닌다는 것 자체가 뉴스였다. 그분의 형님은 고창고등학교를 졸업하고 국비 장학생으로 건국대에 갔고, 자신은 신문 배달로 고학을 하며 동국대에 다니고 있었다.

나는 이모님이 권한 세탁소 일을 마다하고 아저씨네로 거처를 옮겼다. 보조 신문 배달을 하면서 일을 배우는 동안 아저씨가 숙식을 해결해 주었다. 일을 배우는 사람들의 시작은 대개 비슷했다. 처음엔 일한 삯을 받기에 앞서 밥을 해결할 수 있는 것에 만족해야 했고, 차츰 일한 대가라기보다는 용돈에 가까운 품삯을 받았다. 나 역시 집안 아저씨의 집에서 먹고 자면서 보조 신문 배달을 시작한 것이다. 독립된 나의 서울 생활이 시작된 셈이다. 아저씨는 일만 할 게 아니라 공부가 중요하니 학교를 가야 한다고 강조하셨다. 비록 동성고등학교 입학시험에서 떨어져 내 실력이 부족하다고 생각했지만, 그래도 공부를 포기하지 않겠다고 다짐했다.

친구와 시작한 첫 장사

아저씨 집에 있으면서 새벽에 일어나 신문을 돌렸다. 그때는 아침에 나오는 조간신문과 저녁에 나오는 석간신문 두 종류가 있었다. 나는 주로 조간으로 나오는 서울경제신문을 배달하였고 그 후에는 동아일보를 배달하였다. 그리고 1965년 4월, 만리동 꼭대기에 있는 균명고등학교 야간부에 입학했다. 돌로 지은 학교는 마치 성 같았다. 균명고는 나중에 환일고등학교로 이름을 바꾸었다. 낮에는 돈을 벌어야 했기 때문에 야간 학교를 선택한 것은 당연한 일이었다.

야간이라는 학교의 특성상 다양한 아이들이 있었다. 서울역에서 기차를 타고 돌아다니며 잡화를 파는 아이부터 다른 사람의 호주머니를 터는 소매치기, 구두닦이 건달 등등. 스무 살이 안 된 아이들 대부분이 살아남기 위해 무슨 일이든 닥치는 대로 하고 있었다. 처지는 비슷했다. 제힘으로 살아가야 한다는 공통점이 있었고, 그래서 학업은 2순위나 그 이상으로 밀려나 있기 일쑤였다. 내가 신문 배달을 한다고 하니까, 한 친구가 자기와 함께 일을 해 보지 않겠느냐고 제안을 했다. 그 친구는 학교를 늦게 들어와 나보다 세 살 더 많았고, 열차 안에서 이런저런 물건을 파는 잡상인이었다. 친구는 열차를 타고 돌아다니는 일이 안정이 안 된다면서 같이 장사를 해 보자고 했다. 솔깃했다. 그래서 신문 배달을 그만두고 친구와 손잡고 장사를 시작했다. 그리고 거처도 전농동에 있는 그 친구네 초가집으로 옮겼다. 우리는 가난한 서울 변두리 중에서도 변두리였던 동대문에서 집이 있는 전농동까지 걸으면서 물건을 팔았다. 품목은 껌과 연필. 구매자는 술집 아가씨들과 손님으로 온 아저씨들이었다. 막걸리 마시고 젓가락으로 상다리 두들기며 노래를 부르는 소위 '니나노 집'. 우리가 야간수업을 끝낸 뒤 교복을 입고 학생 모자를 쓴 채 껌과 연필을 내밀면, 술집 아가씨는 술 마시러 온 아저씨들에게 고학생 애들이라며 좀 팔아 주라고 부추겼다. 술집 아가씨들에게는 가난한 처지라는 동류 의식에 동병상련의 마음이 있었고, 우리는 가난한 고학생 이미지를 한껏 부각시켜 사람들의 동정심에 호소하곤 하였다.

껌팔이 장사 일을 시작한 지 6개월쯤 되었을 때, 덜컥 친구 앞으로 군 입대 영장이 나왔다. 친구는 넉살이 좋았지만 나는 그런 면이 많이 부족했다. 친구가 있을 때는 누가 돈을 더 벌었나 하는 경쟁심리도 작용하여 열심히 했지만 친구가 입대한 후 하루이틀 빠지다 보니 점점 머쓱해져서 그 장사도 그만두게 되었다.

결국 자기와의 싸움인데, 장사라고 시작한 첫 번째 일은 그렇게 접었다. 첫 번째 장사가 그렇게 흐지부지되면서 서울살이가 만만치 않다는 것을 뼈저리게 느꼈다. 돈을 못 벌어서 2학년 등록금을 마련하지 못했고, 결국 그것으로 균명고는 더 이상 다니지 못했다. 학교 다니는 이외의 시간은 늘 장사를 해야 했기 때문에 공부를 제대로 하지 못했다. 그저 학생이라는 신분만 유지하고 있었던 셈이다. 아쉬웠다.

4

꿈을 향해
달리고 또 달렸던 나날들

동아일보에서 받은 표창장

친구와 같이 하던 장사를 그만두고 난 몇 달 사이, 방세 내는 것도 힘들어지고 무엇보다 먹고 사는 일이 문제였다. 결국 해 본 일이 그나마 나을 것 같아 청진동 해장국 골목에 있는 동아일보 보급소를 찾아갔다. 아예 보급소로 들어가 살면서 신문을 배달했다. 신입에게는 제일 힘들고 골치 아픈 일을 맡기는 법. 나에게 떨어진 구역이 종로 3구역이었다. 봉익동, 팔판동, 돈의동이 있는 사창가가 속해 있는 지역이었다.

옛날에는 4대문 안이라 좋은 동네였지만, 세상이 변해 전통적인 'ㅁ'자 구조의 한옥에 방을 여러 개 만들어 두고, 거기에 몸 파는 아가씨들이 있었다. 어림잡아 수백 명의 여성이 매매춘에 종사하고 있었던 것으로 추산된다. 집 앞에는 숫자가 적힌 붉은 색의 홍등이 켜져 있었다. 사창가였지만 신문을 보는 사람들도 꽤 많았다.

열여덟 한창 피가 뜨거운 사내아이가 신문을 돌리고 수금을 하기 위해 홍등가를 매일 다니는 것은 결코 쉬운 일이 아니었다. "여자를 조심하라"는 어머니의 말씀이 없었다면 그 환경에서 버티기 어려웠을 것이다. 그때 나를 지킨 것은 어머니의 그 한 말씀이었다.

사창가에 사는 아가씨들, 그들 주변에 있는 아저씨들, 포주와 가족들 등 다양한 인간 군상이 나름대로 사연을 가지고 살아가고 있었다. 신문을 보는 사람도 많았지만 이동이 많아서 신문값을 떼이기도 다반사였다.

1965년 한·일 국교정상화 이후 일본인 관광객이 급증하면서 종로 10곳을 비롯해 서울에만 14곳에 관광 요정이 있었다고 한다. 그중 가장 규모가 컸던 삼청각과 대원각에는 관광 기생 수가 800명에 이르렀을 정도라는 얘기도 있었다. 국가가 방임하는 국제적 성매매가 서울에 창궐하던 시절이었다. 일본에서 단체 관광을 오는 이들 대부분은 노동자들이었는데, 관광객들이 늘어나면서 그들을 상대하는 매매춘 여성들도 늘어났다. 시골에서 상경한 여성들로서는 외국인 관광객을 상대해 벌어들이는 고수익은 상당한 유혹이었다.

나는 그들이 밑바닥 삶을 살고 있을지언정 그들을 경멸하거나 무시하지 않았다. 그래서 날마다 숱한 남자들에게 시도 때도 없이 험한 말과 욕지거리를 듣는 그들에게 한 번도 막말을 하지 않았다. 그 생각은 지금도 변함이 없다. 그래서 술을 마시지는 않지만 지금도 나가야 할 술자리가 있을 때 나는 그곳에서 일하는 이들에게 막말을 하지 않는다. 비록 사창가에서 몸을 팔고 있지만 크리스마스 같은 때는 장갑이나 양말 선물도 받았기 때문이다.

그 시절, 정말 신문 배달을 열심히 했다. 마치 신문 배달을 위해 태어난 사람처럼 성심성의껏 달리고 달리며 집집마다 신문을 배달했다. 간혹 신문이 안 왔다는 전화를 받으면 얼른 다시 그 집으로 배달해 주기도 했다. 그때마다 1부당 5원씩 추가 수당을 받았다. 보급소에서 숙식을 해결했으니 쓸 돈은 줄이면서 부수입이 좀 생겨 작은 돈이나마 버는 재미도 있었다. 종로2가와 3가에 200부씩 신문을 돌리고 수금하는 생활의 연속이었다. 스물이 안 된 청춘 시절, 나는 부지런히 몸을 움직였다. 지금까지 이렇게 건강한 체력을 가질 수 있었던 것은 그 시절에 다져진 체력 덕분이 아닌가 싶을 때가 많다. 인생은 성실한 땀을 배신하지 않는다.

그렇게 열심히 일한 덕분인지 4월 7일 신문의 날, 동아일보 본사에서 사장 표창장도 받았다. 내가 속했던 종3 구역, 종로 2가와 3가는 악평이 자자한 구역인데도 확장도 잘하고 성실하게 일을 잘했다고 상을 준 것이다. 서울 올라와 일하며 세상으로부터 받은 첫 번째 격려였다. 그때 동아일보는 민족정론지로서 명성이 자자해 신문 배달원들마저도 어느 정도 프라이드를 가졌던 시절이었다. 신문 배달원인 나도 신문 2부 구독료인 160원을 광고 탄압 기부금으로 낼 정도였다.

50명에게 혜택을 주는 사람이 되자

　서울에 올라온 지 햇수로 3년이 되던 1967년, 당시 내가 살던 모습은 농촌에서 홀몸으로 상경하여 사는 사람들의 전형이었다. 하루 벌어 하루 살며 가까스로 미래를 준비하는 기틀을 닦고 있었기 때문이다. 사는 데 꼭 필요한 소비재의 구입 단위는 언제나 최소였다. 쌀도 한 됫박씩, 연탄도 한두 장씩 사서 썼다. 반찬은 지금 생각해 보면 소금물이나 진배없는 간장이 전부였다. 뜨거운 밥에 마가린과 간장을 넣고 비벼 먹었다. 이것이 내 밥상의 전부였다.

　1967년 연탄 한 장 값은 10원. 신문이 배달되지 않아 추가로 신문 2부를 배달하고 나면 생기는 수입이 10원이었다. 됫박의 쌀, 한두 장의 연탄, 간장에 비벼 먹는 밥상으로 사는 가난 속에서도 나는 내 신세가 비참하다고 생각해 본 적은 없었다. 나만 아니라 내 주위 사람들이 그렇게 살고 있었기 때문에 특별히 나만 불행하다고 생각할 이유가 없었다. 그저 어서 공부를 다시 시작해야 한다는 마음만 가득했다.

　학교를 그만두긴 했지만 마음속에 공부에 대한 부담은 늘 있었다. 신문 배달을 하고 있지만 정신을 똑바로 차리고 살면서 곧 검정고시를 봐서 대학에 가겠다고 작정했다. 내가 신문을 돌리던 종로에는 당시 학원이 많았다. 공부 좀 하려면 반드시 그쪽 학원가를 거쳐야 했다. 유명한 선생님의 강의에는 200~300명씩 수강생이 몰렸고, 입구에서는 일일이 한 사람씩 수강증을 검사했다. 그 일을 하는 것을 '기도 본다'고 말했고 그 일을 하는 사람을 '기도'라고 불렀다. '기도'는 일본어로 극장이나 유흥업소 등의 출입구, 또는 그곳을 지키는 사람을 뜻한다. 그때는 학교 다니면서 신문 배달을 하는 고학생이 참 많았고, 그런 학생들은 기도 일을 하면서 학원 강의를 무료로 듣곤 했다.

당장 학교는 다니지 못하고 있었지만 나도 기도를 보면서 공부에 대한 끈을 놓지 않고 검정고시에 대한 열망을 키워 갔다. 하지만 현실은 그다지 녹록지 않았다. 신문 보급소에서 먹고 자는 시원찮은 환경에다가 새벽부터 뛰어다니며 200부 이상의 신문을 돌리고 저녁에는 또 신문 대금을 수금하기 위해 돌아다니다 보면, 몸은 언제나 지쳐 있었다. 그 중간에 학원에서 강의를 듣는다고 기도 일을 한 후 맨 뒷자리에 앉아 강의를 들으면 곧 졸음에 빠져들기 일쑤였다. 집중하기엔 체력도 한계가 있었던 것이다.

마음과 생각은 공부, 검정고시, 대학에 가 있었지만, 행동이나 몸은 그만큼 따라주지 않았다. 고아가 불쌍한 이유는 그들의 의식주를 책임져 주는 부모가 없어서라기보다는 그들에게 관심을 가지고 지켜봐 줄 사람이 없기 때문이라고 생각한다. 사람은 누구나 옆에서 지켜봐 주고 칭찬해 주고 격려해 줘야 성장하고 힘을 얻는 법이다. 그 마음의 햇빛을 받으며 바르게 걸어갈 수 있는 것이다. 그런데 1967년 나의 서울엔 아무도 옆에 없었다. 혼자 여러 번 기운을 내기에는 버거운 환경이었다. 마음만큼 공부가 실천으로 옮겨지지 않아서 여러모로 아쉬웠다.

이런 상황이 나를 움직였는지 모르겠다. "50명에게 무언가 혜택을 줄 수 있는 사람이 되자!" 이것이 그때 나의 꿈이었다. 그렇게 큰 꿈이 아닐지 모른다. 내 앞가림도 제대로 하지 못하던 시절이라, 나에게 50명은 대단히 엄청난 숫자였다. 왜 50명으로 정했는지는 기억나지 않지만, 그 꿈 앞에서 언제나 다짐하고 다짐했다. 신문 배달을 하면서도 나는 그 꿈을 향해 열심히 달려갔다.

5

어머니,
나의 어머니

부모님이 행동으로 보여주신 가족의 화목

중학교 1학년 때 처음으로 우리 집에 전기가 들어왔다. 그 전에는 석유로 호롱불을 켜고 살았다. 석유값을 아끼려고 저녁이면 일찍 잠자리에 들었다. 아버지와 어머니가 보여주신 삶의 태도는 내 인생의 기본 바탕을 이루는 가장 중요한 요소다. 아버지를 따라 논밭을 다니면서 직접 근면함을 배웠고, 모든 것이 부족한 가운데 대가족 뒷바라지에 전념하시는 아버지와 어머니의 사랑과 헌신을 보면서 자랐다. 부모님은 할아버지와 할머니를 지극히 섬기셨고, 아버지의 큰집인 큰할아버지가 중풍으로 쓰러져 형편이 어려워지자 우리 가족뿐만 아니라 아버지의 큰집까지 정성으로 돌보며 사셨다. 부모님의 섬김과 사랑은 우리 가족들에게 사람이 사는 도리가 무엇인지 가르쳐 주신 좋은 본보기가 되었다. 그 어려운 환경 속에서도 우리 8남매를 잘 길러 주신 부모님에 대한 감사는 언제 생각해도 부족할 뿐이다.

　우리 형제들은 이런 부모님 영향으로 정말 다툼 없이 서로 도우며 살고 있다. 우리 8남매의 자녀가 총 32명이다. 이렇게 대가족이 살다 보면 이런저런 애환이 있기 마련인데, 부모님은 형제 중 어려운 일이 생기고 큰 우환이라도 생기면 작은 것이라도 꼭 성의 표시를 하라고 가르쳤고, 그것은 우리 형제들 사이에서 자연스러운 문화로 자리 잡았다.

　큰아버지가 병으로 일찍 돌아가셔서 둘째인 아버지가 장손 역할을 하셨는데, 아버지는 그저 평범한 농부였고, 대신 어머니가 집안 대소사를 통솔하셨다. 어머니는 언제나 강단 있는 모습으로 리더십을 가지고 집안일을 보셨다. 또 엄격하고 바르고 소신이 뚜렷한 분이었다. 어머니는 자녀들에겐 매우 엄격하셨고, 냉철한 판단력을 가진 분이었다.

　아버지는 내가 서울 생활을 시작하고 얼마 되지 않아 68세의 나이에 위궤양으로 돌아가셨다. 그 후 어머니의 적적함을 달랠 겸 시골집을 개축했다. 본채를 헐고 짓는 과정에서 어머니는 작은 채에서 지내셨는데 불도 때지 않는 차가운 방에서 주무시다 그만 중풍에 걸리셨다. 그 후 회복되긴 했지만, 건강은 예전만 못했다. 당시에 신앙생활을 하지 않았던 나는 어머니에게 교회에 나가실 것을 권했다. 그 이유는 신앙보다도 일주일에 한 번씩 교회에 간다는 기다림이 어머니에게 살아가는 힘이 될 것 같아서였다. 그때 형님 내외가 교회에 이미 나가고 있었기 때문에 어머니는 나의 권면을 받아들여 신앙생활을 시작하셨다. 어머니는 교회 부흥회 때 뭔가 헌금을 하고 싶은데 현금이 없으니 자식들이 맘먹고 해 준 금가락지, 금비녀 같은 귀한 것들도 아끼지 않고 헌물하신 것을 나중에 알게 되었다.

좋은 것만 남겨 주고 떠나신 어머니

어머니는 중풍에서 건강을 회복하고 10여 년을 더 사시다가 78세에 다시 발병하셨는데, 죽음을 예견하셨는지 절대 병원에 가지 않겠다고 선언하셨다. 나는 지금도 그때 일을 정확하게 기억한다. 어머니는 분명하게 말씀하셨다.

"나는 절대 병원에 가지 않는다. 너희 8남매 다 결혼시켰고 이 세상에서 나의 할 일을 다 하였다. 저 천국이 기다리고 있는데 병원에서 주삿바늘 꽂아 놓고 몇 달 더 살겠다고 왜 고생을 하나. 너희들도 객지 생활하느라 바쁜데 이 어미가 병원에 있으면 수시로 들여다봐야 하지 않겠느냐. 그러니 나는 절대로 병원에 가지 않겠다."

죽음 앞에서도 초연하셨던 어머니, 천국을 확신하시며 죽음을 맞이하신 믿음, 어머니가 돌아가신 후에 한동안 나는 어머님의 믿음을 저에게도 달라고 하나님께 기도드렸다. 나는 지금도 왜 어머니를 병원에 입원시켜 드리지 않았는지 알 수가 없다.

어머니는 죽음을 앞두고 자녀들의 객지 생활을 걱정하셨다. 고향 집에서 미국에 있는 막냇동생을 제외한 7남매가 지켜보고 찬송이 흐르는 가운데, 어머니는 내 품에서 영면하셨다. 장례는 어머니가 다니시던 고창성북교회에서 주관하여 진행되었다. 입관은 담임이신 전대웅 목사님이 집례하셨는데, 땀을 뻘뻘 흘리면서 하나하나 정성껏 하시는 모습은 무척이나 인상적이었다. 그때 마음먹기는 나도 누군가의 입관을 하여 꼭 한번 실천해야지 하였는데 아직 실천을 못하였고 기회가 점점 멀어지는 것 같다.

어머니의 장례식은 모든 마을 사람들과 친지들의 애도 속에 진행되었다. 많은 교인들이 함께하면서 상여에 하얀 줄을 연결해 1km가 넘는 들길을 찬송하면서 장례를 치른 것도 처음이지만, 믿지 않는 분들을 포함해 장례에 참여한 모든 분들의 칭송을 받았다. 그리고 동네 사람 전체가 합심해 소와 돼지를 잡고 문상 오신 모든 분들을 풍족히 접대해 장례가 마치 축제가 된 기분이었다. 애도해 주신 모든 분들이 어머니가 살아오신 삶을 기리는 말씀을 하실 때마다 나는 어머니가 더 그리웠다.

어머니의 장례에 많은 분들이 조의를 표해 주셨고, 조의금은 평소에 어머니를 많이 챙겨 주신 고모님 두 분과 이모님 두 분에게 답례하고, 장례 비용과 교회 헌금을 제외한 나머지 금액은 남매 공동 기금으로 조성했다. 그리고 8남매가 부부 동반으로 태국과 일본 여행을 다녀오고 막내가 사는 미국 여행까지 아무 어려움 없이 다녀올 수 있었다.

　그 모든 것이 부모님이 주변 분들을 잘 섬겨 주시고 8남매가 부모님의 가르침대로 잘 살아온 은덕이라고 생각한다. 그 후 고향에서 어머니를 모시고 가업인 농사를 짓던 남동생이 심근경색으로 너무나도 어이없게 세상을 떠나는 가슴 아픈 일이 있었다. 그래도 나머지 형제들이 여전히 우애 있게 잘 지내는 것은 모두 하나님의 특별한 은혜라고 생각한다.

　지금도 우리 형제들은 다 함께 국내 여행을 즐기고, 고향에 갈 때마다 누님 댁을 방문해 함께 행복한 시간을 갖고 있다. 서울로 올라올 때마다 누님들은 고향의 먹거리로 자동차 트렁크를 가득 채워 준다. 그것은 모두 부모님이 물려주신 정과 마음이다. 나는 부모님이 삶으로 가르쳐 준 정과 마음을 우리 자녀들도 이어가기를 바라며 그렇게 가르치려고 노력하고 있다.

1부 일찍 철이 든 유년 시절: 고창에서 서울로

2부

미래를 향한 도전

1
드디어 대학생이 되다

서울대 입학 중학 동창들의 자극

1968년 2월 말, 그날도 신문 묶음 덩어리를 메고 광화문 앞을 지나던 길이었다. 그때, 노란색 서울대학교 배지를 단 청년 셋과 마주쳤다. 중학교 동창들이었다. 집성촌이었던 고향의 나와 같은 유씨 셋이 서울대에 합격을 해서 입학 전 서울 구경을 하던 중이었다. 어깨에 짊어진 신문 덩어리가 그들의 노란색 배지 앞에서 더욱 무겁고 아프게 느껴졌다.

친구와 반갑고도 어색한 인사를 나누고 헤어졌다. 집집마다 신문을 던져 넣으며 묘한 기분을 떨쳐버리려 했지만, 친구의 노란색 배지가 오래도록 나를 흔들었다. 그래서 대학을 꿈이 아닌 현실로 만들어야겠다고 생각을 굳혔다. '반드시 대학에 들어간다'는 각오로 그때부터 공부를 보다 더 열심히 했다.

　그때 나는 신문 보급소를 나와 방을 하나 얻어 살고 있었는데, 재수를 하는 다른 중학교 동창 친구 2명이 함께 기거하고 있었다. 신문 덩어리를 들고 광화문에서 친구와 조우하게 된 것은 나에게 큰 자극이 되었다. 그래서 대학생이 되기 위해 더 공부에 매달렸다. 나와 친구 2명은 1968년 12월 18일 중앙고등학교에서 대학 입학 예비고사를 보게 되었다. 이른바 '예비고사'라는 시험이 처음 생긴 해였다. 그해 11만 2436명의 수험생이 예비고사를 보았고 6만1215명이 합격했다. 나를 비롯해 친구 둘도 합격생에 이름을 올렸다. 본고사가 남아 있었지만, 드디어 대학생이 될 자격을 얻었다는 생각에 온갖 감회가 몰려왔다.

　나는 같이 살던 친구와 나란히 당시 청와대 앞에 있던 국민대학교 행정학과에 합격했다. 첫 등록금은 4만 2000원 정도였다. 내가 일부를 마련하고 고향에 있는 형님과 누나들이 대학에 갔다는 걸 기특하게 여기며 절반을 만들어 주셔서 첫 등록을 했다. 내가 서울에 올라온 지 4년 만에 드디어 대학생이 되었다.

대학 3총사

　국민대 행정학과 정원은 60명이었는데, 실제로 가 보니까 학생은 정원 외로 10여 명을 더 뽑아 전체가 70명 정도 되었다. 10명은 고시

합격을 목표로 특별히 선발된 특별장학생들이었다. 그중에 국민일보 부사장을 지낸 언론인 백화종(2015년 작고), 14~17대 국회의원을 지낸 장영달이 있다. 백화종은 고창 출신이었지만 서울 중앙고등학교를 나왔고, 장영달은 전북 남원 출신으로 전주고등학교를 졸업했다. 같은 지역 출신이라는 연대감 때문이었는지 모르겠지만, 우리는 아주 가까운 친구가 되었다.

행정학과는 과 특성상 행정고시를 봐서 고위공무원이 되는 것을 목표로 삼는 것이 보편적 추세였다. 하지만 당시는 3선개헌 반대와 유신 철폐를 외치는 학생운동이 한창일 때였다. 우리 69학번 대학생들에게 낭만적 대학 시절은 거의 없었다. 그때 국민대학은 청와대 앞에 있었고 신익희 선생이 세운 학교라 저항 의식이 강했다고 생각된다. 많은 날이 유신 독재에 항거하는 시위로 채워졌다. 4년 만에 졸업하는 친구가 거의 없을 정도였다. 우리 3명은 아주 가깝게 지냈지만, 거의 매일 시위대에 참여하는 두 친구와 달리 나는 다소 소극적으로 시위에 참여했다. 어려운 환경에 스스로 벌어서 대학에 들어온 만큼 어떻게든 대학을 졸업하고 싶었고, 늘 일과 공부를 겸해야 했던 나로서는 어쩔 수 없는 선택이었다. 하지만 그 친구들에게, 그리고 민주화 운동이 한창이던 당시 사회에 늘 미안한 마음과 함께 뭔가 빚을 진 느낌은 아직도 지울 수가 없다.

대학 졸업 후 가는 길도 서로 달랐다. 몇 년 전 하나님 곁으로 먼저 간 화종이는 언론사에 입사해 국민일보 부사장까지 역임하면서 기자로서 사회의 등불이 되는 데 심혈을 기울였다. 정치부 기자 생활을 오래 하면서 대한민국 정치 발전에도 많은 기여를 했다. 특히 그가 쓴 '백화종 칼럼'은 언론계에서도 명칼럼으로 유명했다. 내가 존경하는 방선기 목사님이 우연히 그 친구 칼럼을 칭찬하는 이야기를 할 때는 몹시 기쁘기도 했다.

훗날 4선 국회의원과 대학 총장을 지낸 영달이는 대학 시절 내내 학생운동에 전념했다. 그는 급기야 1974년 전국민주청년학생총연맹(민청학련) 사건에 연루돼 징역 7년을 선고받고 복역하는 고초를 당했다. 형집행정지로 석방된 이후에도 국민대에서 학생 시위를 부추긴 혐의(긴급조치 9호 위반)로 다시 구속돼 징역 1년을 살았다. 출소한 이후로도 계속 1980년대 민주화운동에 참여한 전형적인 민주화 인사다. 영달이 같은 친구가 있었기에 우리 사회에 민주화의 꽃이 피고, 군사정권이 무너지고, 민주정권이 들어섰다고 생각하면, 죄 없이 당한 고초는 어떻게 표현할 수 없지만 정말 자랑스럽고 존경스럽다는 생각이 든다. 학생운동도 노동운동도 사회운동도 통일운동도 누군가는 해야 한다. 그들의 희생이 있기 때문에 사회가 발전하고, 역사가 제대로 돌아가는 것이다.

소외된 자를 생각하며

대학 때부터 워낙 친하게 지내서 그런지 우리 3총사는 젊은 날 무언가 도전해 보거나 앞날을 생각할 때 항상 많은 대화를 주고받았다. 화종이는 신문기자로서 기사나 칼럼 하나를 쓰면서도 밤새 고민했던 얘기들을 많이 했다. 영달이는 박정희, 전두환 군사정권 시절 민주화운동으로 그 많은 고문과 어려움을 겪었지만 민주주의의 꽃을 피워야 한다는 일념 아래 늘 늠름하게 역경을 극복해 나가겠다는 자세를 보여줬다. 두 친구 모두 오늘의 자신만을 위한 것이 아니라 나라의 미래를 염려했던 정말 귀한 친구들이다. 나는 그 친구들 같은 삶을 살진 못했지만 나 나름대로 늘 사회에 조금이라도 보탬이 되며 바르게 살아야겠다는 생각을 했다.

특히 영달이는 정말 대단한 친구였다. 나는 그가 기독학생회장 신분으로 군사정권에 대항해 학생운동을 하다 8년여 동안 옥살이를 하면서 한 재소자를 만나 그를 지극히 돌보는 것을 보고 큰 감동을 받았다. 그는 16년간 옥살이를 한 그 재소자가 출소 후 검정고시를 거쳐 연세대학교를 졸업하고, 이어 장로회신학대학까지 다니도록 물심양면으로 도와줬다. 이후 목사 안수까지 받도록 하는 것을 옆에서 지켜보면서 친구지만 저절로 머리가 숙여졌다. 그 뒤 그 목사님은 교도소 선교에 전념하는 목회자가 됐다.

영달이는 민청학련 사건에 연루돼 유죄판결 받은 것과 관련해 국가를 상대로 낸 손해배상 소송에서 승소하여 보상금 수억 원을 받았으나, 그 돈으로 교회를 건축, 그 목사님이 섬기도록 하기까지 했다. 이런 것을 바라보던 나도 재소자들을 도울 수 있는 길이 없을까 고민했다. 그러다 재소자를 직접 고용하자는 생각을 했다. 재소자들은 출소를 해도 일자리를 구하기가 무척 힘들다. 사회가 곱지 않은 시선으로 바라보기 때문이다. 그래서 나는 그 목사님에게 재소자들이 사회에 정착하도록 도움을 주고 싶다고 했다. 목사님이 몇몇 교도소에 연락해 출소자들에게 취업 기회를 주기로 하고, 이후 소개받은 재소자들을 직접 고용해 왔다. 출소한 사람 중에는 사회뿐 아니라 가정에서도 버림받아 갈 곳이 없는 사람이 꽤 있었다. 우리 회사 공장은 24시간 가동하기 때문에 직원들이 교대로 근무를 한다. 특히 우리 회사는 외국 근로자들도 많아 기숙사가 있는데, 출소자에게 숙소와 일자리를 마련해 주어 그들이 정착할 수 있도록 도울 수 있었다. 물론 공장에 적응을 못하고 회사를 떠나는 경우가 대부분이어서 안타까운 측면도 있었지만, 재소자를 위한 이런 노력은 앞으로도 계속할 생각이다. 법무부 장관으로부터 표창장도 받았지만 소외된 자들에게 조금이라도 도움이 될 수 있다는 생각을 하면 늘 뿌듯하다.

늘 힘이 되고 지켜봐 주는 마음

1964년 12월 24일 서울에 올라온 후로 고창에는 거의 내려가지 않았다. 심지어 명절 때도 가지 않았다. 신문 배달을 하는 처지이다 보니 신문이 안 나오는 일요일 하루에 다녀와야 했는데, 그러기엔 너무 먼 거리였다. 그래서 한동안 시골은 가지 못했다. 언젠가 한 번 시골에 다니러 갔다가 큰누님이 하는 구멍가게에 들른 적이 있었다. 고창 홍덕면 면사무소 근처에 있는 아주 작은 가게였다. 날이 추우면 문을 닫아 놓고 있다가 밖에서 문 여는 소리가 들리면 손바닥만 한 작은 유리창으로 누가 왔는지 살피곤 했다. 겨울 저녁 화투나 윷놀이로 시간을 보내던 사람들이 과자 부스러기라도 하나 사러 오는 걸 기다렸다 파는 아주 작은 가게였다. 작은 시골이라 물건도 별로 없고 돈도 귀한 때라, 손님은 더더욱 없었다. 누님네 가게에 들렀더니 누님이 용돈이라며 손에 돈을 쥐어 줬다. 큰돈은 아니었겠지만 뿌리치고 나왔던 기억이 떠오른다. 누님이 늦은 저녁까지 손님을 기다려 겨우 만든 돈이라는 생각에 차마 그 돈을 받을 수가 없었다.

부모님의 본보기와 가르침으로 우리 8남매 형제들은 모두 서로에게 따뜻하고 화목하다. 형제들 중에는 일찍 서울로 올라와 고학한 나만 유일하게 대학 졸업장이 있다. 대부분 내 힘으로 모든 걸 해결하려고 노력했지만 바로 위 형님은 서울에서 어렵던 시절 큰 보탬을 많이 주곤 하셨다. 누군가 나를 잊지 않고 지켜보고 있다는 것 자체가 알게 모르게 의지가 되었다. 가족이 주는 힘이라는 것이 그런 것 같다. 아무 말 없이 옆에 있는 존재감만으로도 충분한 것, 그것이 가족이다.

2

어둠의 옆길에서
위험한 유혹을 뿌리치고

커피 판매하다 계란 장사

　대학교 1학년만 마치고 결국 휴학을 했다. 신문 배달만 해서는 대학 생활을 유지하는 것이 너무나 힘들었다. 역시 혼자 살아간다는 것은 결코 만만치 않은 일이었다. 나는 동아일보 신문 배달을 했다. 설립자 김성수 씨가 고창 출신이고 그의 넷째 아들 김상흠 씨도 고창에서 국회의원을 지내서 그런지 그때 동아일보에는 고창 사람들이 참 많았다. 신문을 인쇄하고 지방으로 배송하는 부서에도 고창 사람이 많았는데, 고향 인연으로 나는 종종 의정부나 동두천 쪽으로 배송 나가는 차량을 따라다니기도 했다.

　그러면서 의정부와 동두천 등에 있는 미군부대에서 흘러나오는 물자들 중 시중에서 흔히 접할 수 없는 귀한 것들이 꽤 있다는 사실을 알게 됐다. 나는 미군 PX에서 나오는 커피를 구입해 다방에 되파는 일을 몇 차례 했다. 당시 다른 차들은 검문을 다 했지만, 신문사 차는 검문을 하지 않는다는 허점을 노리고 한 일이었다. 하지만 조심성 많은 내 성격으로는 영 불안했다. 합법적인 일이 아니어서 혹여 단속을 받을까 봐 걱정이 많았기 때문이다. 이때 다방이라는 곳이 어떤 곳인지 알게 되는 계기가 되었다.

다방은 커피나 차만 파는 곳인 줄 알았는데, 뜻밖에 계란을 많이 소비한다는 사실을 알게 됐다. 아침 10시 전에 오는 손님들에겐 계란 노른자를 넣은 모닝 커피를, 낮에는 뜨거운 물에 계란을 넣어 반숙 계란을 팔았다. 그때는 배고픈 사람들이 많던 시절이었다. 신문 배달보다는 계란을 도매로 사다가 다방에 납품하는 것이 수익 면에서 좀 나을 것 같다는 생각이 들었다. 다방 몇 군데를 돌면서 계란을 납품하면 받아 줄 수 있는지 시장조사를 하고, 서대문 영천시장의 계란 도매상에서 계란 공급을 받기로 한 뒤 짐 싣는 자전거를 한 대 사서 계란 장사를 시작했다. 그때만 해도 대학생이 무슨 일을 한다고 하면 그 자체로 신뢰를 얻었다. 새벽에 다방으로 계란을 배달하고 저녁에는 수금을 했다.

수금은 주로 영업이 끝나는 늦은 시간이었고 아침 일찍부터 늦은 밤까지 항상 바빴다. 계란 납품을 다방에서 음식점으로 조금씩 확대해 갔다. 거래처가 늘어나 수익이 커졌지만 결국 이것이 계란 장사를 그만두는 계기가 되었다. 그때만 해도 양계가 활성화되지 않아 시골

가정집에서 낳은 계란을 모아 시골 장날에 10개짜리 한 꾸러미를 상인에게 팔고, 그것들이 모여서 완행열차로 서울로 보내졌다. 생산에서 판매까지 계란 한 줄이 유통되는 데 상당한 시간이 걸리는 셈이다. 그러다 보니 간혹 변질된 달걀이 나왔다. 음식에 그런 달걀이 하나 들어가면 밥을 다 버려야 하고, 계란 썩은 냄새가 진동해서 고객들의 원성이 자자했다. 식당에서는 그런 썩은 달걀이 하나만 나와도 여러 개가 나왔다며 주인이 달걀 값을 주지 않는 일도 종종 생겼다. 여기에도 어려움은 기다리고 있었고 수금을 바로 못 하니 도매상에 외상값은 늘어만 갔다.

다방 레지의 밑바닥 삶

다방에는 아가씨들이 많았다. 배울 기회를 갖지 못한 채 초등학교나 중학교만 졸업하고 시골에서 서울로 올라온 여성들이 일할 수 있는 자리는 너무 뻔했다. 당시 어린 여성들은 공장으로, 다방으로, 술집으로 밀려들어 갔다. 이들은 살인적인 노동에 시달리거나 술이나 몸을 파는 가혹한 현실에 내던져졌다.

내가 계란을 납품하던 다방의 여성 종업원들도 삶이 녹록지 않았다. 그들은 '다방 레지'라고 불리며 종일 서서 일하느라 저녁이면 다리가 퉁퉁 부었다. 지독한 공장의 노동이 끔찍해 그보다는 좀 더 편하고 돈을 많이 벌 것 같은 다방을 택했지만, 거기엔 또 다른 어려움과 함께 치욕스러움도 있었다. 치근덕거리거나 몸을 더듬는 남자들은 예사였다. 나이 많은 남자 손님들 옆에 앉아 차를 따라 주거나 그들이 사 주는 커피를 몇 잔이건 마시며 매상을 올려야 했다. 그러다 보니 위장이 망가지기 일쑤였다. 쉽게 생각해서 발을 디뎠다가 상상도 못할 일을 겪고, 시골로 돌아가고 싶어도 쉽게 그럴 수가 없었다. 화장품값이다, 옷값이다, 이런저런 이유로 주인한테 선급금을 미리 받아서 쓰고 결국은 빚쟁이가 되어 고향에 갈 처지가 못 되는 경우가 허다했다. 차비가 없어서 고향에 못 가는 아가씨들도 적지 않았다. 딱한 사정에 두어 번은 내가 차비를 줘서 시골집으로 돌려보낸 적도 있다.

어머니의 신신당부로 수렁에서 벗어나다

계란 장사에 어려움을 겪던 중 솔깃한 제안이 들어왔다. 유명한 요정에서 일하다 나이가 많아 그만두고 다방을 하던 분이 종로 5가에서 새로 여관을 하게 됐다며, 여관 일을 좀 도와달라고 했던 것이다. 그 다방 주인은 나의 고객이었다. "여자 혼자 하는 일이라고 사람들이 나를 얼마나 쉽게 보겠어. 학생 같은 든든한 청년이 여관에 딱 버티고 있으면 내 마음이 얼마나 든든할까. 여관 전등이 나가면 바꿔 주고 문짝 망가지면 고쳐 주고…. 집안에서 남자들이 처리해 주는 잡다한 일을 학생이 좀 처리해 주고…. 어때? 그렇게만 해 준다면 옥상에 방 하나 만들어 주고 용돈이랑 학비는 내가 책임질게."

숙식, 용돈, 학비가 모두 해결된다니 나로서는 거절할 이유가 없었다. 딱히 어려운 일도 아닐 것 같았다. 나는 그 제안을 수락하고 짐을 꾸려 종로5가의 여관 건물 옥탑방으로 처소를 옮겼다. 그런데 막상 가 보니 내가 생각했던 것과는 전혀 달랐다. 여관에는 접수 일을 보는 아가씨가 따로 있었고, 나는 보디가드처럼 뒤에서 일했는데도 당황스러운 일이 꼬리에 꼬리를 물고 일어났다. 여관에는 상주하면서 매매춘을 하는 여성이 서너 명 있었는데, 그들이 옥탑방까지 올라올 아무 이유가 없는데도 수시로 올라오는 바람에 내 마음이 영 불편했다. 게다가 나를 대하는 마담의 태도 또한 정상적인 수준이 아니었다. 그곳에 있는 여성들이 하나같이 나를 '가지고 놀' 남자쯤으로 여기고 있다는 생각이 들었다. 매춘 여성을 찾는 남자들 중에는 변태적 취향을 가진 이들도 있어서, 아가씨에게 생명의 위협을 가하는 경우도 종종 발생했다. 그때마다 새벽에 아가씨들은 도망치듯 내 옥탑방으로 올라와 살려달라고 했다.

도저히 견딜 수가 없었다. 공부는커녕 하루하루가 끔찍했다. 제대로 공부 좀 해 볼 요량으로 이곳을 선택한 것이 뼈저리게 후회되었다. "여자를 조심해라." 어머니의 말씀이 뇌리를 스쳤다. 어머니의 신신당부가 무엇을 의미하는지 정말 실감 나게 다가왔다. 그 말씀이 있었기에 그 모든 유혹에서 나를 지킬 수 있었던 것 같다. 40일을 채우지 못하고 온다간다 말도 없이 짐을 싸서 그곳을 나왔다.

3

군, 대학, 그리고 첫 직장

의식주 걱정 없어 행복했던 군 생활

스물네 살 어느 날 갑자기 군 입대 영장이 나왔다. 원래 영장은 시간을 좀 두고 나오는 것인데, 10일 후에 입소였고 너무 갑작스럽게 나와서 당황스러웠다. 가깝게 지내던 운동권 친구들이 있었는데, 그들은 데모를 했다는 이유로 감옥에 가기도 했지만 나는 그들처럼 전면에 나서서 데모를 한 것도 아니어서 왠지 석연치 않았다. 데모와 연관돼 강제 징집되는 것 같은 생각이 들었다.

신병훈련은 전주 35사단에서 받았는데, 중학교 동창이 거기서 대위로 사단 부관부에서 근무했다. 친구는 내가 원하는 곳으로 배치해 주겠다며 호의를 베풀었지만 군 생활은 최전방에서 하고 싶다는 내 뜻을 전했다. "최전방으로 보내줘." 군 트럭을 타고 춘천과 인제와 원통을 거쳐 비포장도로를 몇 시간씩 달린 끝에 겨우 12사단 신병교육대에 도착했다. 사단 훈련소에서 훈련 마지막 날 모내기 대민 지원을 나갔는데, 공교롭게도 동기 부대원 하나가 논바닥에 있는 유리조각에 발꿈치를 찔려 너무 많은 피를 흘리는 사고가 발생했다. 출혈이 심해 그 자리에서 나는 바로 헌혈을 했다. 난생 처음 헌혈을 한 다음 날, 자대 배치를 받아 가는데 하늘이 노랬다. 피를 너무 많이 뽑은 탓인지 몸에 힘이 하나도 없었다. 그런데 자대 들어가자마자 선임병들이 군기를 잡았다. 연병장을 수도 없이 돌았는데, 헌혈을 해서 그런지 나는 컨디션이 너무 좋지 않았다. 옷에 대변을 보았고 쓰러질 정도로 최악의 상태였다. 그런데도 나보다 어린 선임들이 나에게 욕을 해 가면서 더 못되게 굴었다.

호된 고생으로 시작했지만 점차 적응하면서 오히려 행복한 시간이 되었다. 나의 군 생활은 초기에 동해안 최북단인 고성군 간성에서 이뤄졌다. 포병학교도 나오지 않은 나에게 포병학교를 나와야 하는 중책인 계산병 보직이 주어졌고, 계산병을 하다 보니 상황실에서 근무하게 되었다. 해상리에서 1년 있다가 대진항보다 더 북쪽으로, 금강산이 보이는 민통선 북방의 저진이라는 곳에서 근무를 했다. 난생 처음으로 의식주에 대한 걱정 없이 지낸 시간들이었다. 먹고 살기 위해 무언가를 하지 않아도 되는 날들이었다. 심지어 먹을 것도 풍부한 편이었다. 갯지렁이 몇 마리만 있으면 낚시를 해서 싱싱한 회를 마음껏 먹을 수도 있었다. 대학에서 교련 수업을 받은 것이 인정되어 6개월 줄어든 30개월 동안 군 복무를 했다.

낭만 없이 보낸 대학 생활

군대를 다녀와서 복학을 했다. 생활은 안정되지 않았고 경제적으로는 늘 힘들었다. 결혼한 형님 집에서 조카들과 함께 생활했다. 좁은 공간이지만 서로 돕고 지냈다. 요즘 같으면 어려운 일이었을지도 모르지만, 그때는 다들 그렇게 신세를 지고 살았다. 어려운 환경 속에서 형수님이 참 힘들었을 것이란 생각을 하면 지금도 감사할 따름이다.

그렇다고 여느 행정학과 친구들처럼 고시나 공무원 시험을 준비하며 공부에만 전념할 형편은 되지 않았다. 그래서 아주 공부를 열심히 한 적은 없었고, 그러다 완전히 시험을 망치면 교수님을 찾아가 사정을 한 적도 있었다. 그렇다고 학점이 나쁜 편은 아니었다.

대학 생활에서 낭만을 찾기는 힘들었다. 나는 너무 현실에 얽매여 있었다. 요즘엔 동아리 활동이라 부르는 서클 활동으로 영어 회화 서클에 가입하기도 했다. 거기엔 여학생도 있었건만, 나는 여학생들과 사귄다거나 좋아하는 감정을 가질 생각조차 하지 못했다. 그 모든 게 나에겐 사치처럼 느껴졌다. 영어 회화 실력도 부족하긴 했지만, 그것과 상관없이 여학생과 어울린다는 것 자체를 경계했다. 내가 처해 있는 가난하고 어려운 현실만 직시하고 있어서 그런 낭만 따위는 마음에 들어올 틈이 없었다. 당시엔 오직 정신 똑바로 차리고 살아야 한다는 지극히 현실적인 생각만 했던 것 같다. 친구들과 어울려 술집에 가기도 했지만 한 번도 술에 취한 적이 없다. 술 마시고 노는 일이나 술에 취하는 일은 나와 거리가 한참 멀었다. 당구 큐대 한번 잡아 본 일도 없고, 그런 친구들과 어울리는 것을 아주 경계했다. 여학생과 어울리는 일이나 놀러 다니는 기회들도 스스로 차단했다. 그런 자리에 빠져들면 안 된다는 생각이 나의 뇌리에 자리 잡고 있었다. 그만큼 현실은 나에게 무겁게 다가왔다. 그래서 대학 다닐 때 즐거웠던 추억이 별로 없는 것 같다. 지금 생각하면 멋이란 찾아볼 수 없는 무미건조하게 지낸 대학 생활이었다.

좋은 고등학교를 나왔거나 가정환경이 좋은 일부 친구들은 국민대에 다니는 자신을 비하하면서 학교생활을 불성실하게 하기도 했다. 그런 친구들에게는 종종 조언을 했는데, 훗날 그 조언이 고마웠다는 이야기를 듣기도 했다. 나는 다른 친구들에 비해 어렵게 살면서 세상 공부를 일찍 했기 때문에 대학 생활도 좀 더 현실적으로 했다는 생각이다.

동아일보 특채 입사 포기하고 사업의 길로

1976년 대학을 졸업했다. 경제적인 이유와 군 복무 등으로 입학한 지 8년 만이었다. 인생의 중요한 과제 하나를 성취한 것이다. 대학을 졸업한 후에는 곧바로 동아일보 판매국에 특채로 입사했다. 신문 배달을 오래 하고 워낙 성실하게 일해서 동아일보 사장 표창까지 받았다는 것을 알고 있는 판매부장이 같이 일하자고 했기 때문이다. 그 무렵 동아일보는 중앙일보가 창간되어 중앙일보의 집중 공격 대상이 되었다. 삼성이 한국비료 공장을 건설하면서 건설자재로 사카린을 들여왔는데 이것이 밀수였고 이것을 동아일보가 터트렸기 때문에 힘들여 건설한 한국비료를 국가에 헌납할 수밖에 없었다. 드디어 대학을 졸업하고 월급쟁이가 된 것이다. 동아일보에 입사하니까 마치 친정으로 돌아온 기분이 들었다.

고창에서 중학교를 마치자마자 서울로 올라와 혼자 힘으로 대학을 마치고 동아일보에 입사를 했으니 나름대로 첫 번째 성공을 이룬 셈이다. 하지만 첫 직장 동아일보사는 그리 오래 다니지 못했다. 1년 만에 나는 사표를 썼다. 월급이 그렇게 적은 것은 아니었지만, 예전에 장사할 때만큼은 되지 않았다. 나는 부모한테 물려받은 재산이나 벌어 놓은 재산이 있는 것도 아니었다. 그런 상황에서 그 월급 가지고 결혼하고, 집도 사면서 살아갈 계산이 나오지 않았다. 월급쟁이로는 앞이 보이지 않았다. 계란 장사를 해 본 경험이 있으니 어떻게든 내 사업을 하는 쪽으로 길을 잡아야 한다는 생각이 항상 나의 뇌리에 남아 있었다.

4

반려자를 만나
화목을 꾸리다

내 인생의 조랑말

1976년은 대한민국이 생산한 최초의 승용차인 '포니(pony)'가 출시된 역사적인 해다. 이 '조랑말'로 인해 대한민국은 세계에서 16번째로, 아시아에서는 일본에 이어 2번째로 고유 모델 자동차를 만드는 국가의 반열에 올랐다. 포니의 인기는 폭발적이었고, 출시 첫해 50%에 가까운 시장 점유율을 보였다. 비로소 대한민국도 '마이 카(my car) 시대'가 활짝 열렸다. 포니는 한국 공업화의 상징이자, 한국 경제 발전을 보여주는 대표적인 아이콘이었다.

현대자동차가 만든 조랑말이 대한민국 사람들을 설레게 하며 도로를 달렸듯, 나 역시 인생의 길을 함께 달릴 귀여운 조랑말을 만나게 되었다. 1975년 대학 4학년 후반에 아내를 만났다. 이종 동생은 나의 형편을 이해할 수 있고, 나와 생각이 잘 맞을 것이라며 자기 친구를 소개해 줬다. 둘이 잘 어울릴 것이라는 동생의 생각은 잘 들어맞았다. 착하고 야무지고 소박한 생각을 가진 아내와 1978년 10월 7일, 종로2가 YMCA 강당에서 결혼식을 올렸다.

나는 화목한 가족의 소중함을 어려서부터 부모님에게 배웠다. 부모님은 큰아버지가 건강을 잃어 경제적으로 어려워지자 큰댁 식구들까지도 많이 챙기며 도우셨다. 우리 형제들은 가족의 화목을 중시하고 실천하면서 사는 부모님의 모습을 보고 자랐다. 풍족하지 않은 가운데 늘 돕고 살았고, 그것이 소중한 삶의 자세임을 보고 배웠다.

남들의 부러움을 살 만큼 돈과 명예와 지위를 가졌다 하더라도 그 사람에게 가족의 화목함이 없다면 그것은 생각해 볼 문제다. 이른바 사회적으로 성공했다고 하는 사람들이 실제로 가장 가까운 사람이나 다른 가족들이 겪는 어려움은 외면하는 경우를 아주 많이 보았다. 심지어 자신은 고급 주택에 살며 외제 차를 타고 다니는 호화 생활을 하지만 형제자매는 밑바닥 생활을 하고 있는 경우도 우리 주변에서 자주 볼 수 있다.

잘 맞고 잘 통하는 나의 반쪽

가장 가까운 사람에게 인정받는 것이 진정한 성공이라고 생각한다. 옆에 가장 가까이 있는 사람이 나를 제일 잘 알기 때문이다. 아내는 종종 다른 사람들에게 이렇게 말한다고 한다. "남편은 말하는 것과 행동하는 것이 똑같은 사람이다. 지금도 그렇지만 옛날에도 그랬다. 말로 한 것은 반드시 지키고, 다른 사람들 앞에서와 내 앞에서 하는 행동이 한결같다. 그는 술도 안 먹고 담배도 안 피우고 늘 착실했다. 어떻게 살아야겠다는 것이 확실한 사람이어서 믿음이 갔다."

젊은 시절부터 어떤 반려자를 만나는 것이 가족의 화목에 도움이 될지 많이 생각했다. 누구든 머리로는 화목하게 살겠다고 생각하지만, 사고방식이나 삶의 방향이 다르면 실제로 행동은 생각과 다를 수 있다. 나쁜 사람이라서 그렇게 되는 것이 아니라 여러 부분에서 다르기 때문이다. 아내는 모든 면에서 나와 잘 맞았다. 풍족하지 못한 생활 속에서도 자기 몫을 다하며 살아온 이력이 비슷했다. 절약하는 일상생활의 지침이나 생활방식에서 따로 이해를 구하거나 설득할 필요가 없었다. 그냥 통했다.

결혼 전 만 2년 동안 연애할 때 1년에 300일은 만난 것 같다. 특별한 사정이 없는 한, 거의 매일 만난 셈이다. 보통 연인들처럼 다방에서 차를 마시거나 술집에서 술을 마시지는 않았다. 만나서 매일 걸었던 기억이 가장 많다. 우리는 하염없이 걸으며 이야기했다. 나는 마포에 살았고, 아내의 직장도 마포여서 주로 마포에서 만났다. 그리고 마포대교를 건너 아내의 집이 있는 구로동 쪽으로 걸어가곤 했다. 너무 많이 걸어서 아내는 구두 굽을 수없이 갈았다고 그 시절을 추억하곤 한다. 분위기 있는 레스토랑 같은 데는 한 번도 가 본 적이 없고 가끔 돼지고기 연탄구이 집에 가서 밥을 먹는 것이 고작이었다. 아내와 나는 똑같이 소박했다. 요즘 말로 치면 뜨겁게 사랑했다기보다는 서로의 삶의 방식을 마음에 들어 했고 인생이란 경주를 함께 손잡고 달려갈 반려자로 안성맞춤이라고 서로 인정했다. 한마디로 가식이 없고 진실한 태도에 끌린 것이었다. 아내도 생활력이 강한 편이었는데 내가 더 강하고 합리적인 이야기를 많이 해서 그랬는지, 늘 내 말을 잘 따라 주었다.

  처음 만난 이후로 지금까지, 아내는 고맙게도 모두 내 뜻을 따라 주었다. 매사에 원칙을 중시하는 편인 내가 아내에게 요구하는 것들이 아내 입장에서는 다소 어려운 문제일 수 있음에도 불구하고, 내 뜻을 존중해 주었다. 특히 돈 문제가 그랬다. 겨자씨사랑의 집, 치앙마이 선교 사업에 도움을 준 일이나 5000만 원을 들여 전도 많이 한 교인들 100명에게 백두산 여행 경비를 부담한 일, 어려움에 처한 친구를 도운 일 등이 넉넉지 못한 상태에서 이뤄진 것이기에 속이 상하기도 했겠지만 한 번도 이런 문제로 다툰 적이 없었다. 교회 헌금이건, 이웃을 돕는 일이건 내가 쓰고 싶은 것을 아껴서 돕는 것이 진정한 배풂이라고 말하는 나를 항상 이해해 줬다. 아내의 그런 마음들이 우리 집안은 물론 부부 관계에서도 화목을 만들어 갈 수 있는 중요한 요소로 작용했다. 그래서 아내에게 늘 고맙고 감사한 마음뿐이다.

평생 힘이 되어준 내 편

군대를 마친 형님이 서울에 올라와 장사를 하면서 기반을 잡고 결혼해 가정을 꾸렸을 때 나는 형님과 함께 살았다. 변변한 옷 한 벌이 없는 시절이라, 나에겐 중요한 자리에 입고 나갈 제대로 된 양복 한 벌이 없었다. 형님도 입고 다닐 것이 변변치 않았는데, 나는 사업을 한다는 이유로 형님의 양복을 자주 입고 나갔다. 없는 살림에 하나뿐인 양복을 시동생이 쏙쏙 입고 다녔으니 형님이나 형수님 마음은 어땠을까. 그럼에도 불구하고 싫은 내색 없이 나를 바라봐 준 형님과 형수님의 마음을 나는 아내에게 자주 이야기한다. 그때 베풀어 준 형님 내외분의 마음을 잊지 말자고.

이런 작은 일들부터 시작해 교회 생활 같은 중요한 일들에서도 아내는 내 생각을 귀담아들어 주었다. 지금은 교회를 옮겨 직분을 맡고 있지 않지만, 예전에 다니던 교회에서는 장로로 10년을 섬겼다. 아내가 나보다 교회 안에서 더 활동할 여력이 되기도 하고, 사업을 하는 장로의 안사람이다 보니 아무래도 일주일에 3~4일은 교회에 가서 무슨 일이든 하는 일이 잦았다. 물질로든 시간으로든 교회 식구들을 잘 섬기는 데 여념이 없었다.

아내의 그 모습 그대로 칭찬해 주면 좋겠지만, 나는 아내에게 이렇게 문제를 던지곤 했다. "당신이 장로 안사람이라 돈도 더 많이 쓰고 자기 차로 운전해서 섬기는 것은 좋지만, 냉정하게 한번 생각해 보세요. 과연 그런 활동들이 하나님을 기쁘게 하는 것인지, 사람을 기쁘게 하는 것인지. 교회에 매일 가서 사람들을 만나고 활동하는 것이 믿음이 좋다는 것과 같은 뜻인지, 아니면 나의 즐거움을 위한 것은 아닌지. 일주일에 교회를 가는 횟수가 중요한 것이 아니라, 세상에서 하나님의 뜻대로 사는 것이 더 중요하고 하나님의 말씀을 지키며 사는 데 더 힘쓸 필요가 있다고 생각해요."

아내는 원칙 중심의 내 생각을 존중해 주었고 그것은 내 평생에 큰 힘이 되었다. 내 또래의 보통의 한국 남자들처럼 그런 아내에게 고맙다는 표현을 자주 하지는 못했다.

5

첫 사업을 위한
선택

3만 원 월급에서 1만 원 월급으로 제조업에 투신

"주변에 박스공장에서 책임자로 일할 괜찮은 친구가 있으면 좀 소개해 줄 수 있겠나? 이제 막 시작하는 박스공장인데 관리직 직원을 찾고 있는 분이 있거든." 동아일보 판매국에 다니면서 홍제동에서 형님 가족과 함께 세 들어 살고 있을 때였다. 집주인은 잘 아는 인쇄소 사장이 박스공장까지 하게 되어 사람을 구하고 있다며 적당한 친구를 소개해 줄 수 있느냐고 물었다. 성냥공장을 운영하던 집주인이 거래하던 인쇄소 사장이라고 했다. 인쇄소 사장은 박스공장에 인쇄물을 납품했는데, 대금을 받지 못하게 돼 그 박스공장에서 박스 만드는 기계를 가져와 운영하게 됐다는 것이다. 그 사장 매형이 우리나라 최초로 압력솥을 생산하고 있어 박스를 많이 쓰기 때문에 박스 만드는 기계가 소용이 있을 것이라고 판단했다고 한다. 고정 거래처가 있는 만큼 사업 영역을 넓혀 보고 싶었던 셈이다.

그래서 기계를 돌릴 기술자 1명과 제작 공정을 책임질 관리자 1명을 찾고 있었고, 나는 집주인 소개로 관리직 직원으로 출근을 하게 되었다. 사실 월급은 동아일보사에서 받던 3만 원의 3분의 1인 1만 원이었다. 그럼에도 불구하고 그 회사를 선택한 것은 박스 제작이 제조업 쪽이어서 가능성이 있다고 생각해서다. 1976년 당시 대한민국의 경제 성장 곡선은 가파르게 상승 중이었고 1인당 국민소득은 800달러로, 박정희 정권이 줄기차게 외쳐 온 수출 100억 달러와 1인당 국민소득 1000달러 달성을 목전에 두고 있었다. 그렇게 경제 발전에 박차를 가하고 있는 대한민국 현실에서 제조업은 전망이 있을 것이라고 여겼다.

너무 빨리 박스공장 사장이 되다

박스공장 관리직원으로 열심히 일했다. 공장을 책임지기에 나는 많이 부족했고 사장님 역시 박스에 대해 아는 것이 별로 없어서 흑자를 내진 못했다. 사장님은 처음 1년을 운영해 본 결과 박스공장 수익이 만족스럽지 못했고, 별 흥미를 느끼지 못했던지 결국 1년 만에 박스공장에서 손을 떼기로 결정하였다.

그러면서 1978년, 전혀 예상하지 못했던 기회가 왔다. 사장이 나에게 박스공장 인수를 제안한 것이다. 인수 조건은 2가지였다. 인수 대금으로 박스 만드는 기계값 250만 원을 지불하고, 나이가 많아 은퇴한 자신의 형님에게 월급을 지급해 달라는 것이었다. 나쁘지 않은 조건이었다. 아마 사장님이 일하지 않으시는 자기 형님의 생활비에 부담도 느끼고, 잘 모르는 분야라서 쉽지 않다고 느꼈던 것으로 보인다. 또 나의 성실성을 보았기에 잘할 수도 있겠다고 생각했던 모양이다. 나는 감사드리며 열심히 해서 꼭 성공하겠다고 말했다.

압력솥을 생산하는 세광알미늄 사장의 처남이 인쇄소 사장이고, 그 인쇄소 사장의 형님에게 내가 월급을 줘야 하는 이상, 세광알미늄과 박스공장과의 거래 관계도 지속적으로 유지될 수밖에 없다는 생각이 들었다. 소규모 영세 공장에서 세광알미늄 같은 안정된 회사를 고정 거래처로 갖는다는 것은 안정된 수입원을 확보한다는 뜻이다. 문제는 인수자금 250만 원을 확보하는 것이었다. 나에게는 거액이었지만, 어렵게 융통해 박스공장을 인수했다. 생애 첫 사업의 시작이었다.

박스공장의 관리직으로 처음 입사할 때 5년 동안 경험을 쌓고 내 사업을 시작하겠다는 계획이었는데 기회가 너무 빨리 온 것이다. 기술도 자본도 턱없이 부족했지만, 나에게 의외로 좋은 기회가 빨리 주어졌다. 게다가 안정적인 고정 거래처를 확보한 상황이었으니 정말 행운이었다.

6

야심차게 시작했지만, 납품 과정서 잇따른 고비

'풍년기업사'란 이름으로 시작

박스공장을 인수하면서 회사 이름을 어떻게 지을지 고민이 되었다. 주 거래처인 세광알미늄에서 생산하는 풍년압력솥에서 '풍년'이 마음에 들었다. 나 같은 농촌 출신들은 풍년이라는 단어만 생각해도 기분이 좋아진다. 풍년은 노랗게 익어 가는 가을 들판의 넉넉함이다. 모자랄 것도 없고 쪼들리는 것도 없다. 풍년의 이미지에는 넉넉함, 여유, 웃음 등의 긍정적인 요소들이 가득하다. 사업을 시작한 1978년은 정부에서 쌀 자급 시대의 개막을 공식적으로 선언한 해이기도 하다. 통일벼 생산의 대성공으로 모든 국민이 배고픔 없이 살아가는 시대가 열린 것이다. 나의 삶도, 국민의 삶도 모두 넉넉해지기를 바라는 마음을 담아 회사 이름을 '풍년기업사'로 정했다.

회사의 첫 거래처였던 세광알미늄은 영등포구 문래동에 있다가 신도림동으로 이사를 갔다. 우리는 세광알미늄에 박스 납품을 해야 했기 때문에 세광알미늄의 문래동 공장 부지에 세를 얻었다. 나와 세광알미늄과의 인연은 이렇게 시작되었다. 세광알미늄에 납품을 하고 공장 부지에 세 들면서 막역한 관계를 갖게 되었다.

1978년 3월 15일, 나의 첫 회사 풍년기업사의 개업식이 있었다. 오늘의 ㈜풍년그린텍 모태가 된 포장박스 회사인 풍년기업사가 세상에 첫발을 내디딘 날이다. 지금은 포장박스 제조를 그만두었지만, 포장재 제조의 시작은 박스였다. 당시에 나는 교회에 다니지 않을 때였다. 눌린 돼지머리 고기와 막걸리, 떡을 놓고 손님들을 초대해 개업식을 했다. 지금은 고인이 되신 세광알미늄 유병헌 회장님도 격려차 개업식에 참석해 주셨다.

첫 번째 사업의 시작은 신앙의 시작과 맞닿아 있다. 유병헌 회장님은 도림교회의 장로님이셨고, 도림교회 유병관 목사님이 그의 형님이었다. 유 회장님의 부인인 성순례 권사님은 우리 공장에 세를 받으러 가끔 오시곤 했다. 자신의 오빠가 우리 박스공장에서 월급을 받고 있기도 하고, 동생은 나와 사업 관계에 있는 인쇄소 사장이었으니 비교적 가까운 사이였다. 성 권사님은 매번 나에게 도림교회에 나오라고 권했다. 그때까지만 해도 교회에 관심이 없었던 내 인생에 '교회'라는 단어가 등장하기 시작했다.

사실 처음 사업을 시작하는 내 입장에서는 세광알미늄이라는 괜찮은 거래처가 있어 매우 안정적인 기반에서 출발한 것이었다. 세광알미늄에는 컬러 박스를 납품하기 때문에 인쇄는 나에게 박스공장을 넘긴 사장의 인쇄소에서 해야 했다. 어쩌면 그것은 당연한 일이었다. 인쇄소 사장은 자신이 거래하던 다른 회사들도 소개시켜 줘 거래처 확장에 큰 도움이 됐다. 물론 풍년기업사에서 가장 큰 비중을 차지한 것은 세광알미늄이었다. 세광알미늄에 납품하는 박스 종류만 해도 100종이 넘었다. 압력솥에서부터 냄비와 프라이팬, 주전자 같은 각종 주방용품까지 박스에 담겨서 판매되고 수출되었기 때문에 우리 회사는 적잖은 물량을 소화해 내야 했다. 그때 풍년압력솥은 통일벼 쌀(당시 신품종)로 밥을 하기에는 너무 좋은, 모든 주부들이 갖고 싶어 하는 주방기구였기에 우리 회사도 바쁘게 돌아갔다.

납품하는 업체로서의 고충

소규모 제조업체로 사업을 시작한 나로선 물건을 납품하는 입장에서 생각지 못했던 어려움들을 많이 겪었다. 포장박스 납품이라는 사업의 특성이 결국 사업 발전의 발목을 잡을 수 있다는 점을 깨닫기까지는 그리 오랜 시간이 걸리지 않았다.

포장박스는 특별한 기술이 필요하지 않기 때문에 거래처에서 어떤 주문을 하든 대부분 맞출 수 있다. 그것은 그만큼 경쟁이 심하다는 뜻이다. 우리 회사 같은 납품업체는 거래처에서 주문을 받아 생산을 하면 수익이 나는 품목 외에 별 수익이 없는 몇 가지도 같이 제작한다. 수익이 별로 나지 않는 품목도 주문을 받는 이유는 이익을 내는 품목의 거래를 유지하기 위해서다.

여기서 가장 중요한 것은 납품처를 결정하는 담당자의 힘이다. 담당자에게 밉보이면 수익이 나는 주문을 잃어버릴 수 있다. 그것은 의외로 간단하다. 담당자가 수익 나는 주문의 견적을 받고, 자신이 밀어주려는 업체에게는 그보다 낮은 가격의 견적을 받는다. 그렇게 되면 밉보인 기존의 업체는 견적 경쟁에서 밀리게 된다. 내가 아무리 사장과 친분이 있다고 해도 견적에서 차이가 나면 어떤 사장도 나를 납품업체로 선정할 수 없다. 이런 구조에서 납품업체들은 담당자에게 잘 보이기 위해 담당자와 뒷거래를 하는 일도 서슴지 않는다. '납품'이라는 구조는 시스템으로 투명성을 확보하지 않는 한 이와 같은 비리 가능성을 언제나 안고 있다.

이 부분에서 늘 마음의 갈등이 있었다. 사장은 나를 신뢰하고 일을 맡기는데, 내가 담당자에게 뒷돈을 주고 납품을 계속하게 해 달라고 해야 할까. 결정권을 가진 담당자는 자신의 힘을 믿고 납품업체에게 이런저런 무리한 요구를 하고, 그 요구를 들어주지 않으면 사장에게 납품업체가 문제가 많다고 험담을 하면서 업체를 바꾸려고 한다. 나의 실력이나 성실함이 아닌 담당자의 의지에 따라 계약이 좌우된다는 점이 나를 참 힘들게 했다.

담당자의 부당한 요구를 거절하다 보니 고수익이 나는 주문은 점점 줄어들었다. 별로 수익이 나지 않는 소량의 품목들을 주문받았을 때는 손해가 나더라도 장래를 내다보고 울며 겨자 먹기로 감수해야 했다. 한 회사와 오래 거래를 하다 보면 포장박스의 수요 예측이 어느 정도 가능하다. 주문량이 적은 포장박스도 어느 시점에 소진된다는 것을 알기 때문에 미리 제작을 해 둔다. 그런데 담당자의 마음이 바뀌어서 그마저도 제작업체를 교체해 우리 회사에 주문을 하지 않으면, 그 재고는 내가 떠안아야 하는 손실이 되고 만다. 이런 일이 반복되면서 나는 서서히 포장박스 사업에 매력을 잃어 갔다.

7

고마운 자녀들,
가족 예배의 축복

구두 뒤축이 다 닳았던 때

1978년 3월에 풍년기업사를 개업하고, 10월에 결혼을 했다. 그리고 이듬해 예쁘고 사랑스러운 딸 세인이를 낳았다. 30대 초반 가장의 삶이 본격적으로 시작된 것이다. 아내는 나의 그 시절을 "너무 열심히 살면서 항상 뛰어다녀서 구두 뒤축이 다 닳았던 때"라고 기억한다. 정부에서는 '잘 키운 딸 하나 열 아들 안 부럽다'는 표어를 전국 방방곡곡에 붙이며 남아 선호 사상을 바꾸는 홍보에 열을 올렸다. 영원히 대통령을 할 것 같았던 박정희 대통령이 순식간에 비운을 맞이하고, 전두환의 서슬 퍼런 군부독재 시대가 대한민국의 민주주의의 숨통을 조여 가고 있었다. 컬러텔레비전이 나오면서 사람들이 텔레비전 앞에서 더 많은 시간을 보내기 시작하던 그때, 첫아들 희웅이를 낳았다.

부족한 돈으로 사업을 하느라 정신없이 바쁘게 지냈다. 새벽에 나가면 한밤중에 들어오는 일이 예사였다. 눈앞의 일과 돈을 쫓느라 주변은 하나도 보이지 않았다. 온 정신이 사업에만 팔려 있었다. 아내는 집안 살림에 육아까지 모두 짊어진 채 묵묵히 내조를 하고 있었다. 요즘 말로 하면 '독박'도 그런 독박이 없었다. 하지만 그것이 당연한 줄 알고 있었다.

어느 날 아내가 말했다. "희웅이가 감기에 걸린 것 같아요." 애들이 자라면서 감기에도 걸리고 그러는 거지, 나는 대수롭지 않게 들었다. 아내가 아들을 데리고 동네 소아과에 갔는데 뭔가 문제가 있다며 큰 병원에 가 보라고 해서 신촌세브란스병원으로 갔다. 아들은 걷잡을 수 없이 상태가 나빠졌고 인공호흡기에 의지해 겨우 숨을 붙이고 있었다. 의사는 알아듣기도 힘든 병명을 말하며 생존 확률이 거의 없다고 했다. 뇌에 바이러스가 침투해 기능 장애가 왔다는 것이다. 지금은 인공호흡으로 버티고 있지만 살게 되더라도 뇌에 장애가 와서 정상적인 삶은 힘들 거라고 했다.

꺼져 가는 생명을 안고 세브란스병원에서 나왔다. 희웅이는 아픈 지 24시간도 안 되어 숨을 거두었다. 아들의 장례를 보지 말라며 형님과 친구들이 희웅이의 마지막 가는 길을 수습했다. 아내와 함께 삽교천 방조제에 앉아 아내를 부둥켜안고 한없이 울었다. 일찍 부모를 떠나 서울에서 혼자 객지 생활을 하면서 집 없고 배고픈, 정말 힘든 일을 많이 겪었지만 눈물을 흘린 적은 없었던 나였다.

가장 소중한 선물을 남기고 떠난 고마운 아들

태어난 지 22개월 만에 홀연히 우리 곁을 떠난 아들을 생각하며, 내가 어떤 부모였는지 돌아봤다. 처음으로 내가 아이들의 아버지라는 생각이 사무치게 다가왔다. 내 밑으로 남동생이 하나 있었는데, 그 남동생도 아주 어렸을 때 홍역으로 세상을 떠났다. 나야 아픈 아들을 서울 큰 병원에라도 데려갔지만, 속수무책으로 아들을 보내야 했던 부모님의 마음은 어떠셨을지 생각해 보기도 했다. 눈물이 멈춰지지 않았다. 서러운 눈물을 뿌리는 아내의 어깨를 다독이며 더없이 아내가 소중하게 다가왔다. 사업한다고 일에만 몰입해 사느라 내가 아이들에게 부모라는 존재라는 것 자체도 생각을 못 할 정도였다. 세상에 태어나 가장 많은 눈물을 흘린 그날, 아이를 잃고 나서야 내가 부모임을 절절이 깨달았던 것이다. 아내와 아이들이 세상에서 가장 소중한 존재라는 자각이 가슴 아프게 내 안에 새겨진 사건이었다.

첫아들 희웅이는 짧은 시간 내 곁에 있었지만, 아들 노릇은 다 하고 갔다. 떠나면서 나에게 신앙을 주고 갔기 때문이다. 아들을 잃은 뒤 내가 오늘을 살고 있지만, 나의 생명이 영원하지 않음을 알게 되었다. 그래서 신앙에 관심을 가지게 된 것이다. 그 일이 아니었다면 나는 더 기고만장하게 세상을 살았을 테고, 그다음에는 어떤 길로 갔을지 모르겠다. 그래서 희웅이는 정말 소중한 내 아들이다. 내 삶을 지킬 가장 좋은 선물을 준 아들이 아닌가?

그때 광명시 연립주택에서 세를 들어 살고 있었는데, 아이를 잃은 기억이 남아 있는 그 집이 싫어졌다. 처음으로 내 소유의 집을 사서 안양시 석수동으로 이사를 했다. 새로 이사 간 집은 담 하나를 사이에 두고 바로 옆에 교회가 있었다. 그때 아내는 임신 중이었고 딸만 넷인 집안에서 자란 아내는 아들을 간절히 원했다. 아내는 종종 집 옆에 있는 교회에 나갔고, 아들을 잃은 아픔을 아시는 하나님께서는 아들을 선물로 주셨다. 그리고 교회 목사님은 우리 아들에게 '성은(成恩)'이란 이름을 지어 주었다.

나는 당시 교회에 다니지는 않았으나, 교회에 대한 관심은 항상 가지고 있었다. 그런데 아내가 다니던 그 교회에 분란이 생겨 내부적으로 다툼이 커지고 소란스러워지기 시작했다. 나는 아내에게 나도 교회에 나갈 테니 도림교회에 다니자고 말했다. 도림교회는 우리 회사의 주 거래처인 세광알미늄 사장이 장로로 섬기던 교회였다. 권사님인 사장 부인의 권면도 자연스럽게 도림교회를 선택하게 된 계기였다. 그렇게 1984년부터 2014년까지 30년 동안 도림교회를 섬겼다. 이 교회에서 세례도 받고 장로 임직도 했다.

잘 자라 준 자녀, 삶의 방향타가 된 가족 예배

세인이와 성은이는 초등학교 때부터 항상 모범생에 좋은 성적으로 우리 부부를 기쁘게 했다. 세인이는 국내 명문 대학을 마치고 직장생활을 2년 한 후 미국으로 유학을 떠나 보스턴대학 MBA 과정을 마친 뒤 귀국, 대기업을 다니다 윤병식과 결혼하여 아들 하나를 낳아 지금은 육아에 전념하고 있다. 성은이는 중학교를 마치고 조기유학 붐이 불던 시절 좋은 기회가 있어 교환학생으로 미국 뉴욕에서 고등학교를 다녔고, 뉴욕주립대에서 경영학을 공부한 뒤 귀국하여 서울대 MBA 수학 중 외국계 은행에 다니던 MBA 동기인 조다현과 결혼을 하여 두 아들을 두고 현재는 풍년그린텍에서 경영 수업을 받고 있다.

자녀들 결혼 전엔 한 집에 모여서 가족 예배를 꾸준히 드렸다. 나는 가족 예배를 드릴 때 가훈인 '씨 뿌려 가꾼 만큼 거두리'를 여러 번 강조했다. 내가 생각하는 이 가훈의 본뜻은 남에게 탓하지 말라는 것이다. 자신의 오늘 상태는 자신의 의사 결정과 실천하는 의지에 달려 있음을 늘 모든 가족에게 주지시키곤 했다. 어떤 난관이나 어려움을 당했을 때도 좌절하지 말고 자신의 부족함을 고백하고, 새 힘을 주실 것을 하나님께 기도하기를 원했고, 나 또한 그렇게 행동하려고 부단히 노력했다. 그리고 주위에 어려운 환경에 처한 사람이 눈에 띄면 기꺼이 도움을 주는 데 인색하지 말 것을 강조했다. 지금도 우리 가족 모두 항상 그런 사람이 되기를 기도하고 있다. 혹 어떤 사람이 나에게 많은 손해를 끼치고 귀에 거슬리는 얘기를 하더라도 용서하기를 권하곤 했다. 또 자녀 교육의 경우 부모가 성실하게 살면서 서로 존경하고 행복한 모습을 보이면 자녀들이 자연스럽게 바른 길로 간다고 가르쳤다. 사람은 누구나 편하기를 원하지만 편한 상태가 계속 이어질 수는 없다. 예를 들어 자녀들에게 필요 이상의 비싼 물건을 사 주고 노력 없이 편하게 갈 수 있는 길로만 안내한다면 그것은 자녀를 위한 것이 아니라 자녀를 바보로 만드는 것이라는 사실도 나누곤 하였다. 지금은 각자 가정을 이루고 살기 때문에 명절 때나 손자들 생일 때 등 예배 횟수가 많이 줄어들어 아쉬움도 많다. 어찌 보면 오히려 지금보다 모든 것이 부족한 가운데서도 한목소리로 찬송하고 기도하던 그때가 정말 더 행복하고 아름다운 모습이었구나 하는 생각이 들기도 해. 그럴 때면 이제 나도 나이를 먹었다는 생각을 하게 된다.

가장 행복했던 여행

나이가 들면서 생각을 해 보았다. 그래도 세계 각국 이곳저곳을 다녀 보았는데, 어디가 가장 기억에 남는 여행일까. 아내와 얘기를 나눈 적이 있는데, 똑같이 1991년 캐나다 여행을 꼽았다. 곰곰이 생각해 보니 당시는 우리나라가 해외여행을 개방(1989년 1월 1일 해외여행 자유화) 한 지 얼마 되지 않은 시점이었다. 그래서 더 기억에 남는 점도 있겠지만, 가족이 함께한 여행이고 많은 추억이 담긴 여행이라서 우리 부부의 뇌리에 더 깊이 각인된 것 같다.

내가 CBMC에 입회를 하고 얼마 되지 않아 한 회원이 캐나다로 이민을 떠났다. 그리고 1년 후 그 회원을 위로할 겸 회원 모두가 캐나다 여행을 계획했다. 캐나다는 대부분 사람들이 통나무집과 통나무집에 걸려 있는 아름다운 화분들, 로키산맥의 아름다움을 떠올린다. 사실 나는 형편이 좋지 않아 혼자 가기도 힘든 상태였지만, 모든 회원 가족이 다 가는 프로그램으로 알고 무리해서 가족 전부가 가는 것으로 신청을 했다. 그런데 막상 떠날 때 보니 전체 40여 명 중 자녀와 함께한 가족은 우리를 포함한 네 가정뿐이었다. 여름방학이라 딸 세인이와 입학 전인 아들 성은이도 함께했다.

그때 함께 간 일행 중에 아주 부유한 가정이 있었다. 대형 버스를 타고 2000km 정도를 여행했는데, 많은 회원들의 간증이 이어졌다. 그런데 그중에서도 그 부잣집 아내의 이야기는 지금도 기억이 생생하다. 서울 평창동 저택에서 모든 가족이 다 자가용을 소유할 정도로 부유하게 사는 가정이었다. 그런데 그 아내분은 허름한 시영아파트에 살아도 자기 가족만의 삶을 살아 보는 것이 소원이라고 했다. 그분은 엄한 시부모님 밑에서 시집살이를 하다 아들 딸과 함께 자유의 몸이 돼 여행을 하니 너무 감격스러웠던 모양이었다. 마이크만 잡으면 눈물을 쏟아내 말을 잊지 못하는 모습을 보면서 돈이 많다고 다 행복한 것은 아니구나 하는 것을 깨닫게 되었다.

어쨌든 해외여행이 쉽지 않던 시절 아이들과 함께 넓은 캐나다로 가족 여행을 간 것은 아이들에게도 좋은 경험이었고, 우리 부부에게도 오래 기억에 남는 소중한 시간이었다. 밴쿠버 스텐리파크의 넓은 초원에서 어린 자녀들과 같이 뛰던 그때가 가장 행복한 시간이었음을 나이가 들면서 더욱 실감하고 있다.

2부 미래를 향한 도전

3부

험한 파고를 넘다

1

부도를 당한 후
내가 선택한 생존 방식

자산의 3배가 넘는 부도를 당하고

사업을 시작하긴 했으나 사업장도 영세하고 운영자금은 항상 부족했다. 그러다 보니 당연히 기계도 시설도 좋지 않았다. 그래서 좋은 거래처는 얻을 수 없고, 중하위권 거래처를 주로 찾아다니며 문을 두드려야 했다. 그때 새로 납품을 하게 된 회사가 상장업체 중 하나인 새서울상사였다. 1981년 당시 봉제품을 만들어 수출하는 회사였다. 우리 회사로서는 일을 얻기도 쉽지 않은, 나름대로 큰 회사였는데, 그곳에 납품하게 돼 운이 좋았다고 생각했다. 나는 수출용 골판지로 박스를 만들어 납품을 시작했다. 하지만 당시 새서울상사의 내막을 좀 아는 회사들은 새서울상사와의 거래를 조용히 정리해 가고 있었다. 새서울상사가 위험하다는 것을 간파했기 때문이다. 그런데 나는 그런

속사정은 전혀 모른 채 큰 회사라는 것만 보고 거래를 시작한 것이다.

당시엔 현금 결제는 없고, 결제 대금을 4개월 또는 5개월짜리 어음으로 받았다. 새서울상사에 5개월간 납품을 했는데, 결국 그 회사는 부도 처리되었다. 이미 납품한 물량에 대한 대금을 받을 수 없게 되었고, 기존에 받았던 어음은 모두 휴지조각이 되었다. 그동안 납품한 대금을 전부 떼이고 만 것이다. 그 금액이 4200만 원이었다. 이른바 대기업이 부도가 나면 하청업체들이 연이어 도산하게 되는 연쇄도산의 피해자가 된 것이다. 1981년이었다. 당시 강남 압구정동 현대아파트 30평이 3000만 원에 거래되던 시절이었다.

내가 가진 전 재산을 털어도 1200만~1300만 원이어서 내 자산의 3.5배의 부도는 나로서는 감당하기 어려운 큰돈이었다. 새서울상사의 부도는 내 인생 최대 위기였다. 아마 그런 부도를 맞게 된다면 누구도 다시 재기하기는 어려울 것이다. 대부분 사업하는 사람들은 그럴 때 그 바닥을 떠나 종적을 감추고 전혀 새로운 곳에서 완전히 다른 사람으로 살거나, 아니면 감옥에 가야 한다. 어떻게 되든 나처럼 또 다른 피해자가 생기는 것은 피할 수 없는 문제다.

감당하기 힘든 상황이 전개되었다. 내가 여기서 이 사업에서 완전히 손을 떼면 결국 다시 3차 피해자가 또 생기게 된다. 그렇다고 이 바닥을 떠나 전혀 새로운 곳에 가서 맨손으로 다시 시작하는 것도 엄두가 나지 않았다. 너무 막막한 일이었다. 이제는 나도 가정을 가진 가장으로서 혼자 몸이 아니었다. 이 위기로부터 도망치지 않고 어떻게든 수습하는 것이 내게 주어진 일이었다. 하지만 당시로선 돈을 갚을 길이 전혀 없었다. 어떻게 해야 할까. 이 일을 계속해야 할지 말아야 할지 중대한 기로에서 선택을 해야 했다. 내가 받은 어음은 박스 만드는 원자재인 골판지 공장에 물품대로 지불했기 때문에 현실적인 피해는 그 골판지 회사에 돌아갔다. 큰 결심을 하고 우리 회사 골판지 공급업체인 대명판지의 박경종 사장을 찾아갔다. "박 사장님. 제가 돈을 갚을 별다른 방법이 없습니다. 하지만 어떻게든 일을 할 수만 있다면 돈을 벌어서 갚겠습니다. 제가 일을 계속할 수 있도록 제안을 하고 싶습니다. 검토해 주십시오. 우리 회사의 박스 제작 기계가 좋은 기계는 아닙니다만, 우리 공장 설비를 양도받으시고, 대신 원자재를 계속 공급해 주십시오. 그래서 제가 이 일을 계속할 수만 있게 해 주신다면 시간은 좀 걸리더라도 열심히 벌어서 4200만 원을 다 갚겠습니다. 완전히 상환하게 되는 날, 설비는 저에게 다시 양도하시는 조건으로요."

그것만이 내가 부도를 내고 잠적해 버리는 경제사범이 되지 않고, 어떻게든 돈을 갚을 수 있는 유일한 방법이었다. 대명판지 박경종 사장은 내 제안을 수락했다. 돈을 받기 위해서는 그것이 최선의 선택이라는 것을 그분도 잘 알고 있었다. 박 사장은 부도 금액의 5분의 1도 안 되는 우리 공장 설비를 담보로 원자재를 공급해 주고 나에게 상환 시기를 유예해 주었다.

나는 일찍이 독립해 혼자 살아왔기 때문에 망하더라도 혼자 망하고 다른 사람에게 절대 피해를 주지 말아야 한다는 생각을 갖고 있었다.

그래서 한 가정의 남편이자 아버지이자 가장이었지만, 부도로 인한 어려움은 혼자 감내하기로 했다. 명의만 내 이름이었을 뿐, 모든 권한은 대명판지에 넘긴 상태로 여전히 전과 같이 사업을 하고 있었기 때문에 다른 사람들에게 나는 여전히 사장으로 불리고 있었고, 아내 또한 아무 일도 없는 줄 알았다. 나는 그때 정말 차비를 걱정해야 할 만큼 힘겨운 날들을 보냈지만, 아내는 이 모든 일이 거의 마무리될 즈음인 3년 후 내가 부도로 고생했다고 말한 뒤에야 그런 사실을 알게 되었다.

죽자 사자 노력해서 살아남은 그 시간

소액의 결제 대금을 떼이는 일은 부지기수였다. 그런 경험 때문인지 나는 지금도 작은 업체 먼저 현금을 지불하고 있다. 공장 시설이 열악하다 보니 좋은 거래처를 갖고 일하기는 어려웠다. 돈이 모여지지 않았다. 돈이 없다 보니 고리의 사채를 쓸 때도 많았다. 속된 말로 '딸라 돈'이었다. 예를 들어 1만 원을 빌리면 하루에 100원의 이자를 물어 100일만 지나면 원금과 같은 액수의 이자를 내는 것이다. 없는 사람들이 당장의 위기를 모면하기 위해 급전을 당겨쓰고, 그 이자가 눈 깜짝할 사이에 불어나 부채에서 헤어나기 어려운 최악의 상황이 되는 것은 순식간이다. 그런 살얼음판 고비를 넘긴 것이 한두 번이 아니었다.

일단은 대명판지에서 원자재를 받을 수 있으니까 어떻게든 공장을 돌려서 납품을 계속할 수 있었다. 매달 조금씩이라도 수익이 나서 대명판지에 조금씩 상환을 시작했고, 그렇게 죽도록 3년 반을 일해서 4200만 원을 모두 갚았다. 결국 나는 살아남은 것이다. 그동안 숨이 턱까지 차오르고, 입이 바싹바싹 마르는 날들이 허다했다. 끼니를 거르고 차비를 걱정하고 구두 뒤축이 닳도록 뛰어다녔다. 그 사이 첫아들을 어이없이 잃었고, 다시 하나님께서 보내 주신 귀한 아들을 곧 얻었다. 30대 중반에 휘몰아치듯 사업적 위기가 닥쳤고, 죽을 듯이 노력해 살아남은 것이다. 30대라는 젊은 나이였기에 사력을 다할 수 있었고, 원자재를 공급해 준 대명판지 박 사장님의 신뢰가 있었기에 가능한 일이었다.

3년 반 만에 마지막 부채를 모두 상환하는 그날, 박 사장과 마주 앉았다. 박 사장은 중국집에서 자장면 한 그릇을 사 주며 이렇게 말했다. "세상 사람들이 유 사장만 같으면 그래도 사업할 만하겠어. 유 사장처럼 돈 다 갚는 사람이 어디 있나. 거의 없지!" 육군 대령 출신이었던 박 사장은 너무 사업하기 힘들어 그만두고 싶다고 말했는데, 결국 1년 후 골판지 사업을 접었다.

시련은 나를 더 단단하게 만들어

사업 시작한 지 3년 만에 겪은 부도, 이어서 부도 상황을 정리하는

데 걸린 3년 반의 시간, 그리고 오늘까지 나는 사업을 계속하고 있다. 풍년기업사라는 이름으로 시작한 일을 44년 동안 계속해 ㈜풍년그린텍으로 키워 냈다. 여러 차례 위기와 도전이 있었지만, 첫 부도 당한 것을 극복한 경험이 있었기에 지금까지 버틸 수 있었다.

밑바닥에 떨어졌다가 재기하는 3년 반 동안 나는 "왜 나에게 이런 일이 생겼을까?"라고 원망하거나 한탄한 적이 없었던 것 같다. 시련을 겪지 않은 사람은 기쁨을 알지 못한다. 어려움을 헤치고 일어난 사람만이 감사하는 법을 배운다. 밑바닥이라고 느껴질 때마다 절대 좌절하지 않고 이 시련이 나를 행복하게 만들어 주는 기초라고 생각했다. "가장 어려웠던 시절을 생각하면서, 그때도 살아왔는데 지금 못할 일이 무엇인가?"라고 마음을 다잡았다. 이제 나에게는 올라갈 일만 남았다고 생각하며 신발 끈을 다시 조였다. 그래서 시련은 나를 더 단단하게 만들고 더 나은 미래로 이끌어 가는 디딤돌이 되었다. 한탄하고 원망하는 대신, 어려움을 이겨내기 위해 새로운 꿈을 꾸며 현재를 견디는 에너지로 삼았다.

나는 무슨 어려운 일을 만났을 때 부정적으로, 비관적으로 생각하지 않는다. 교통비가 없을 때도 많았고, 식대가 없어 밥을 굶을 때도 있었지만 한 번도 그 상황을 비관적으로 보며 좌절하지 않았다. 대신 늘 여기서 벗어나기 위해 "무엇을 해야 할까?"라는 고민을 했다. 무엇인가를 하려고 시도했고 포기하지 않았다. 내 삶의 원동력은 그와 같은 긍정적인 삶의 태도라고 생각한다.

2

기독교인으로서
경영하는 법을 배우는 시간

서울청년기독실업인회와의 첫 만남

둘째 아이를 잃고 도림교회에 나가기 시작했을 즈음, 우리 회사의 가장 큰 거래처인 세광알미늄 유재원 대표가 광화문 코리아나 호텔에서 행사가 하나 있는데 부부가 참석해 줄 수 있겠느냐며 초청장을 주었다. 호텔에서 열린 행사는 CBMC(한국기독실업인회)의 청년 지회 회원 확대 만찬이었다. 청년기독실업인회(YCBMC)는 부친들이 CBMC 활동을 하면서 2세들을 위한 모임으로 창립을 했기 때문에 그때로서는 괜찮은 기업의 2세들이 여러 명 참여하고 있었다. 세광알미늄을 포함해 대성그룹, 벽산그룹 등 내로라하는 회사들의 2세가 모이는 45세 미만의 젊은 그룹이었다. 1987년 당시만 해도 우리 회사는 그곳에 모인 여러 회사들과는 비교할 수 없을 정도로 아주 작은 회사였다. 나는 회원 확대 만찬 참석 후 서울 청년기독실업인회의 수요 조찬 모임에 꾸준히 나갔다.

CBMC는 사업하는 사람들이 비즈니스 세계에 하나님을 알리는 단체로, '실업인과 전문인들에게 복음을 전하여 예수 그리스도가 구주이심을 증거하고 주님의 지상명령을 성취하는 국제적 사명공동체'다. 한국 CBMC의 7가지 핵심 가치 중 첫 번째 핵심 가치로 제시하고 있는 '성경적 원리가 사역과 사업의 기준'은 모든 크리스천 사업가의 고민과 해답이 무엇인지 가장 선명하게 보여준다.

성경적 경영을 강조하고 원칙대로 사업을 하자는 이야기가 많이 나왔지만, 그것을 제대로 현장에 적용하는 데는 많은 어려움이 따랐다. 원칙대로 사업을 해서는 생존하기가 어렵기 때문이다. 그때만 해도 관련 업무에서 공무원들의 부정과 부패가 난무하던 시절이었고 사회가 투명하지 못한 곳이 많았다. 세금은 언제나 사업하는 사람들에게 큰 갈등 요소였다. 이랜드 박성수 사장이 원칙대로 성경적인 경영을 하기 위해 애쓴 간증을 했던 것이 너무 인상적으로 기억나고, 지금은 사상과 행동 면에서 많이 변해 버린 김진홍 목사님도 당시에는 원칙대로 사업하는 걸 강조하는 설교를 많이 하셨다. 나는 성경적인 원칙은 알지만 그대로 행하지 못하는 현실적인 어려움에 갈등하면서 거룩한 부담을 항상 가지고 있었다.

안산에 CBMC를 개척하다

CBMC 모임에서 새로운 사람들을 만나기도 하고 크리스천 사업가로서 어떻게 일해야 하는지에 대한 좋은 이야기를 많이 들었다. 뭐든 한번 시작하면 꾸준히 하는 편이라 CBMC 모임에도 빠지지 않고 참석했다. CBMC 안에서는 부부가 함께 하는 프로그램도 많이 있었다. 다섯 가정이 집집마다 돌아다니면서 부부 성경공부를 하고 부부의 문제를 함께 나누었다. 정태기 목사님이 주관하는 가정사역 프로그램도 함께하며 두루두루 직장과 가정에서 크리스천의 삶이 무엇인지 배워 나갔다. 이렇게 성경적 바탕 위에 가정의 소중함을 더 깊이 알게 되었고 문화생활도 접하며 성숙한 삶을 배워 나갔다.

1993년 안산의 반월공단에 2차 공장 분양이 있었다. 계약금만 내면 분양을 받을 수 있어서 분양 신청을 하고 대지 1500평을 받았다. 그때 서울청년기독실업인회는 나에게 안산에 공장 땅도 분양받았으니 CBMC를 개척해 보라고 파송했다. 그래서 이미 공장을 하고 있던, 지금은 고인이 된 천세산업 이충구 사장과 함께 안산지회를 세우게 되었다. 안산지회 파송 예배 당시 CBMC 중앙회장을 맡고 있던 강성모 린나이코리아 회장님이 30만 원을 격려금으로 주셨는데, 그 돈을 받고 나니 적잖은 부담이 되었다. 우리 회사 공장을 짓는 일만으로도 벅찼는데, CBMC 안산지회 설립까지 맡았으니 엄청난 과제가 주어진 것이었다. 그래서 이를 위해 나는 새벽기도를 시작하였다.

방법을 궁리하던 끝에 화분을 하나씩 사 들고 안산에 있는 큰 교회 5곳을 찾아가기로 하였다. 목사님들은 하나님의 일이라면 적극적으로 협조해 줄 것이라고 생각했다. 그래서 목사님에게 CBMC 안산지회 설립을 알리고, 여기에 함께할 사업가를 두 분씩만 보내 달라고 요청했다. 하나님 일을 한다고 하면 목사님들이 앞장서서 지원해 줄 것이라고 생각했다. 그때만 해도 내가 교회에서 활동을 많이 하지 않아서 나의 요청에 담임 목사님들의 반응이 그다지 적극적이지 않은 모습이 잘 이해가 되지 않았다.

얼마 후에 지역교회 목사님들은 자신의 교회 교인들이 외부 활동하는 것을 그다지 반기지 않는다는 것을 알게 되었다. 안산동산교회 김인중 목사님이 유일하게 한 분을 보내 주셨고, 초창기 강사로 초빙했던 김학중 목사님(현재 꿈의 교회 시무)의 새안산교회에서 한 분이 함께해 주셨다. 그리고 안산에 내붙인 플래카드를 보고 찾아온 몇 분과 함께 8명이 청년CBMC 안산지회를 출범시켰다.

안산지회 파송 예배 때 30만 원을 받은 부담 속에 지낸 지 2년 만에 비로소 청년CBMC 안산지회가 시작되었고 나는 초대 회장을 맡았다. 나는 1년 뒤 CBMC 안산지회를 하나 더 만들었다. 각 지회는 20명을 넘기면 계속해서 파송하였는데, 안양과 과천이 들어와 지금은 11개의 지회가 되어 경기서부연합회가 되었다. 이렇게 안산에 여러 지회를 파송할 수 있었던 것은 아마 자체 회관을 가지고 요일을 바꾸어 가면서 여러 지회가 같이 사용하였고, 사무실에 각 지회의 현황을 알리니 각 지회가 선의의 경쟁에 나섰기 때문이었다고 생각된다. 자체 회관을 위한 모금 목표 6000만 원도, 모금 당시 2개 지회밖에 없어 회원들도 많지 않았는데도 모두 자발적으로 참여하여 부족함이 없었다. 모두가 감사했고 지도목사님 교회 신축에도 십시일반 참여하여 기쁨을 같이 나누었다.

기독실업인회에서 배운 대로 경영하기

희망을 가지고 씨앗을 뿌리면 씨앗은 땀과 눈물을 먹고 나무로 성장한다. 씨 뿌려 가꾼 만큼 거둔다는 믿음은 안산 CBMC에도 적용할 수 있다. 처음에 안산 CBMC의 기초를 닦은 사람으로서 보람을 느낀다. 처음에는 난감하기도 하고 마음에 갈등이 없지 않았지만, 하나님의 이름으로 여러 지회가 생기고 새 회원이 늘어나 각자 맡은 일을 열심히 하는 모습을 보면서 나도 많은 힘을 얻었다.

원래 CBMC에서는 둘이 손잡고 기도한 다음, 한 사람은 전도 대상자를 찾아가고 한 사람은 기도로 지원하는 형식으로 비즈니스계에 하나님을 전한다. 안타깝게도 지금은 그런 모습들이 많이 사라져 아쉽다. 나는 전도를 잘하지는 못했지만 할 수 있는 만큼 정말 열심히 CBMC 활동을 했다. 회원들이 모여 성경공부도 하고 중보기도 시간을 갖기도 하는데, 하루는 전도를 잘하는 한 회원이 자기 회사 독일 기계가 고장을 일으켜 어려움이 있으니 기도해 달라고 했다. 시간이

가능한 몇몇 회원이 그 회사를 방문해 기계에 손을 얹고 합심해 기도했는데, 내 온몸이 떨리면서 전율이 왔다. 처음 겪는 경험이었다. 그일이 있은 후 기계는 정상 가동되었다. 이후 그 회사가 크게 성장해 상장까지 하는 모습을 지켜보면서 내 마음도 흐뭇했으며 나의 일에도 큰 힘을 준다는 사실을 알았다.

기도 제목을 나누고, 기도하고, 간증을 듣는 시간이 많았는데 그때마다 가장 많이 언급된 말이 '성경적 경영'이었다. 그래서 심리적으로 부담이 된 것은 사실이지만, 그것이 옳다는 것만은 분명했다. '돈'으로 문제를 막거나 해결하는 것이 보편적으로 통용되던 사업의 현장에서, "돈 주고 해결하지 않는 모습을 먼저 보여라", "선한 일을 도모하라" 같은 지침들을 수없이 들었다. 그러면서 돈으로 해결하지 않겠다고 마음먹었다. 돈으로 가장 손쉽게 해결할 수 있는 일들을 그렇게 하지 않으려고 무던히 애를 썼다.

다른 사람들 보기에 답답할 정도로 정직하려고 노력했다. 성경적 경영을 배운 대로 현장에서 실천하며 답을 찾으려고 최선을 다했다. 지금은 사회가 많이 정화되었지만 30년 전에 관에서나 비즈니스 현장에서 정도를 찾는 일은 정말 힘들었고 갈등도 너무 컸다. 일을 하다 보면 답례를 할 수는 있지만, 잘 봐 달라는 의미에서 먼저 돈을 건네는 일은 하지 않았다. 30년 동안 CBMC에서 적어도 2000회 이상의 말씀 나눔과 자신을 지키는 노력으로 어려움을 뚫고 왔기에 지금의 풍년그린텍이 있다고 생각하고, CBMC와의 만남은 여러 면에서 나를 성숙케 하였으며 가장 큰 축복으로 생각한다.

빛과 소금의 ㈜LS, 풍년그린텍 품으로

나는 기독실업인회 회원으로 30년 이상을 활동하면서 나의 삶에 균형을 이뤄 생활할 수 있었던 것에 늘 감사하는 마음을 잊지 않고 있다. 성경적 경영, 행복한 가정, 올바른 자녀 교육, 이웃사랑 실천, 좋은 친구와의 만남 등 내가 받은 은혜가 너무 많기에 이런 은혜를 누군가에게 나눠 주고 싶은 마음이 늘 있었다. 그러던 차에 기독실업인회 한 회원의 공장을 방문하게 됐다. 그 회사는 라벨(스티커)을 제작하는 회사로 회사명은 엘에스(LS), 빛(Light)과 소금(Salt)의 첫 글자를 따서 만든 것으로 마음에 드는 상호였다. 그런데 이 회사는 아파트형 공장 여러 곳에서 비경제적으로 공장을 운영하고 있는 모습이 보였다. 이유를 물으니 본인도 한 군데로 합치고 싶지만, 자금이 없어 어쩔 수 없다는 것이었다.

내 생각에 한 군데로 합치면 적어도 월 2000만 원은 이익이 창출되고 더 많은 매출도 가능하다고 판단되었다. 그래서 내가 도움을 줄 테니 4곳에 흩어진 공장을 하나로 합쳐보라고 권면했다. 회사는 그 뒤 한 공장을 매입하고 힘겹게 이사는 하였지만, 경영 미숙과 이사 과정의 예상치 못한 경비 지출, 숨겨진 문제점, 그리고 코로나까지 겹치면서 주문이 크게 줄어들어 어려움에 봉착했다. 나는 몇 달치 직원들 월급도 제대로 주지 못한다는 사실을 알게 됐다. 그 회사 운영이 더 이상 불가능하다고 판단됐고, 나는 선의로 베푼 성의가 무산되면서 큰돈을 받을 길이 없게 됐다. 그래서 결국 내가 많은 문제점을 안고 그 회사를 인수할 수밖에 없는 사정이 되어 버렸다. 나이가 들면서 하나씩 정리를 해야 하는데 내가 잘 알지도 못하는 사업을 맡았으니 어려움이 한두 가지가 아니고 숨어 있던 부채가 자꾸만 드러나 힘든 시간을 보내고 있다. 하지만 이것 또한 사심 없이 돕는 마음으로 한 일을 아시는 주님이 틀림없이 좋은 열매를 주실 것을 확신하며 오늘도 최선의 노력을 다하고 있다.

내가 권면하면서 자초한 일이지만 하나님은 왜 이런 상황을 만드셨을까. 나에게 또 하나의 일감을 주신 것이다. 하루빨리 공장을 정상화시키고, 세상에 빛과 소금으로 그 역할을 다하는 일터를 만들어 함께하는 직원들과 성공의 기쁨을 공유하고 싶다.

3

숭실대 AMP에서
지식과 사람을 얻다

아홉 명의 '야자회'

1978년 회사를 창립하고 3년 만에 전 재산의 3배가 넘는 부도를 당한 이후, 이대로 지낼 수는 없다고 판단했다. 3년 반 만에 부채를 청산한 다음에도 미래에 대한 불안과 염려가 컸다. 내 나이 서른아홉이었다. 사업을 계속하는 이상, 부도 국면이 전혀 없다는 보장도 없고, 다른 사람들은 어떻게 사업을 해 나가는지 궁금하기도 했다. 그러다 우연히 신문에서 숭실대학교가 중소기업인을 대상으로 공부하는 과정을 만든다는 광고를 보게 되었다. 사업과 미래에 대한 염려와 궁금증이 있던 터라 망설임 없이 등록했다. 6개월 짧은 기간이었지만 일주일에 두 번 6시간씩 다양한 분야의 강의를 들었다. 영등포 한 구석에서 혼자 열심히 살았던 나에게 숭실대 중소기업대학원 과정(AMP)은 새로운 세계를 만나는 아주 유익한 시간이었다. 정원은 60명이었고 40대 후반에서 50대가 가장 많았다. 39세였던 나는 비교적 젊은 축에 속했다. 거기서 만난 비슷한 연령대의 친구들 9명이 말을 놓고 지내자는 의미를 담아 '야자회' 모임도 별도로 만들었다. 그 모임을 통해 선의의 사업적인 경쟁도 하면서, 평생 가 본 적 없는 룸살롱도 가서 세상 사람들이 사업 이외의 영역에서 어떻게 지내는지도 직접 목격했다. 부부 동반으로 매달 집집마다 돌아가면서 모임을 가졌다. 젊은 날 아주 활발하게 열정적으로 보냈던 시간이었다.

아홉 명 친구 중 변호사가 1명 있었고, 나머지 8명은 모두 제조업을 했다. 30여 년이 흐른 지금 나이로만 본다면 모두 현업에서 열심히 뛰고 있었으면 좋았을 것이다. 하지만 시간은 우리를 그렇게 놔 두지 않았다. 그중 3명은 이 세상 사람이 아니고 한 사람은 이민을, 또 한 사람은 사업 실패로 연락이 두절되어 남은 4명만 지금도 서로 격려하면서 잘 지내고 있다.

큰 손실 입힌 친구 손 잡고 기도

지금 생각해 보면 야자회 멤버 중 변호사를 제외한 나머지 8명은 사업적인 면에서 자기 일을 아주 잘 해내는 능력 있는 친구들이었다. 우리는 가족들과도 화목하게 지내면서 전국과 해외를 넘나들며 동반 여행을 자주 했다. 같은 날 똑같은 골프채를 구입해 같이 골프도 시작하고 9명이 기금을 모아 골프 회원권을 2개씩이나 구입하기도 하였으며 자녀 대학 등록금도 내 주는 등 한마음으로 잘 지냈다. 그런 친구들 중 지금은 사업 실패, 건강 문제, 이민 등으로 5명이 내 곁에서 떠나고 4명만 남아 있다는 것이 믿어지지 않는다.

야자회에서 만난 친구들은 모두가 한결같이 소중하고 잊을 수 없는 친구들이다. 지금은 보증 서는 일이 거의 없는데, 그때만 해도 그런 일이 종종 있었다. 한번은 야자회 친구가 기계를 사는데 도장을 하나 찍어 달라고 해서 찍어 준 것이 화근이 되어 6500만 원을 변제해야 하는 일이 생겼다. 그때가 IMF 시절인데다 나 역시 새로 펄프몰드 사업을 시작한 지 얼마 되지 않아서 정신없이 허우적거릴 때였다. 정말 힘든 때였다. 결국 그 친구 회사는 파산했고, 나도 힘들어 쓰러지기 직전인 상황에서 보증 선 돈을 변제해야 했다. 하지만 나는 그 친구의 손을 잡고 지금부터 올바른 마음으로 최선을 다하면 분명 재기할 수 있음을 기도하였다. 내가 누군가의 손을 잡고 기도한 것은 그때가 처음이었다. 그 뒤 그 친구와의 연락이 두절되었는데 잘 살아가고 있기를 바랄 뿐이다.

소중한 인연들

숭실 AMP에서 나는 사업적으로나 인격적으로나 훌륭한 분들을 많이 만났고, 그 후 내 삶에 많은 도움을 받았다. 지금은 그룹으로 성장한 제지공장 회장님은 내가 작은 박스 공장을 하고 있을 때 자기가 도움을 줄 테니 그 윗 단계인 골판지 공장을 해 보라고 권면해 주셨다. 물론 나는 마음에 두었던 펄프몰드 사업을 해야 고객에게 얽매이지 않고 사업을 할 수 있다고 판단해 지금의 길을 가고 있지만, 나에게 후원을 자청해 주셨다는 점에서 언제나 감사하게 생각하고 있다.

그때 함께 공부했던 동기 중에는 재력 있는 60대 어른이 한 분 있었는데 졸업할 무렵 그분이 암으로 입원 중이어서 병문안을 가게 되었다. 마침 의사가 회진하는 시간이었는데, 그분은 의사 손을 꼭 잡고 살려 달라고 간곡하게 말했다. 그 장면을 잊을 수가 없다. 또 어떤 어른은 중국에 크게 투자를 했다가 손실을 많이 보았는데, 그 일로 공장 이전 과정에서 문제가 생겨 결국 부도를 내게 되었다. 오류동에서 안산 시화공단으로 회사를 옮기는 과정에서 오류동 공장은 비워야 하고 시화공단은 공장을 건축하던 중 건설업자와 마찰이 생겨 소송에 휘말리는 바람에 부도가 난 것이다. 그분은 사업을 열심히 해서 성공하신 데다가 덕망도 높으셨는데, 나에게 회사 물건 중 경매에 포함되지 않은 물건들을 내가 매입한 것처럼 서류를 작성해 달라고 해서 그 회사 기술 특허와 컴퓨터 등을 보호해 드린 적도 있다. 지금은 고인이 되셨지만 그때 나이 80이 다 되신 분이 나에게 부탁하시던 측은한 모습을 잊을 수 없다. 이 모든 분들은 나에게 사업하는 인생에는 많은 어려움이 있을 수 있으며, 그럴 때 어떻게 살아야 하는지 많은 가르침을 남겨 주셨다.

특히 야자회에서 만난 친구들이 가족 동반으로 함께 여행 다니면서 즐거운 한때를 만들고 사업하는 어려움을 나누며 서로 격려했던 시간들은 매우 소중했다. 모두 숭실 AMP 과정 4기가 준 선물이었으며, 내 삶에 큰 자리를 차지하고 있다.

4

펄프몰드 사업으로
방향 전환을 모색하다

●
●
"하나님, 너무 힘듭니다"

  1994년, 내가 운영하던 풍년기업사는 포장박스 제조업체였다. 포장박스는 돈과 인맥만 있으면 누구나 사업에 뛰어들 수 있다. 그런 현실 속에서 풍년기업사는 시설이 좋은 것도 아니고 자본이 확실해서 포장박스의 원자재를 저렴하게 확보할 수 있는 상황도 아니었다. 한마디로 경쟁력이 없었다. 게다가 술로 접대를 하거나 뒷돈을 주어서 담당자에게 계산된 호의를 건네는 일도 전혀 없었다. 그러다 보니 누군가 우리 회사를 잘 소개해 주더라도 납품으로 연결되는 일이 별로 없어서 힘이 들었다.

  그렇다 보니 좋은 주문은 없고 수익이 별로 안 나는 주문만 받기 십상이었다. 회사가 생겼다가 금세 문을 닫는 일도 잦아서 납품 대금을 떼이기 일쑤였다. 그래서 수시로 부도 위기에 내몰렸으며, 납품업체의 부당한 요구로 포장박스 사업에 대한 회의도 생겼다. 그럴 때마다 나는 기도했다. "하나님, 포장박스 사업 하는 거 너무 힘듭니다. 회사가 크든 작든 저도 사장인데, 우리 회사 직원이 뒷거래가 있는 업체한테 주문을 받는다고 하면 저는 이것을 허락할 수가 없습니다. 그러니 제가 어떻게 상대방 회사에 뒷돈 주면서 주문을 가져오겠습니까? 아주 작은 바늘을 만들어 팔더라도 당당하게 제 물건을 팔게 해 주십시오. 내 기술로 양질의 제품을 만들어 당당하고 떳떳한 사업을 하게 해 주세요."

답답함이 깊어질수록 기도는 더 간절해졌다. "하나님, 주문을 받기 위해 업체를 찾아갈 때 꼭 구걸하는 것만 같은 기분이 듭니다. 오늘이 존재하기 위해서는 어쩔 수 없이 일을 하지만 아주 작은 소품을 만들더라도 내것을 만들어 팔게 해 주세요. 지금 하는 포장박스 사업에서 떠날 수 있는 길을 열어 주세요." CBMC를 알게 되면서 이러한 기도를 더 많이, 더 열심히 간절하게 하게 되었다.

그리고 변신의 길을 모색했다. 그것은 과감한 변신, 아니 무모한 도전에 가까웠다. 여건이 전혀 안 되는 상황에서 시도한 일이기 때문이다. 정말 간절히 기도했고, 하나님께서는 그 기도에 응답해 주셨다. 하나님께서 그 길을 보여 주셨기에 도전이 성공할 수 있었다고 믿는다. 조금 더 일찍 변신을 시도했더라면 어땠을까? 아쉬움이 없는 것은 아니지만, 하나님께서 가장 좋은 때에 인도하셨을 것이다. 아마 포장박스를 계속했더라면 사업을 접었을 것이 분명하고, 나는 어떻게 되었을지 모르겠다. CBMC를 만났기에 성경적 경영을 알게 되었고, 사업 전환의 기도를 하게 되었으며, 하나님이 부족한 나의 기도를 들으시고 오랫동안 가업으로 할 수 있는 일을 맡겨 주셨음을 확신한다.

친환경 포장완충재 펄프몰드에 빠지다

포장박스에서 손을 떼고 싶다는 생각과 함께 그 이후에 어떻게 할 것인지에 대한 고민이 깊어 가던 중, 1993년 매년 미국 시카고에서 열리는 세계 포장박람회 팩 엑스포 인터내셔널(PACK EXPO INTERNATIONAL)을 방문하게 되었다. 포장재 산업이 어떻게 흘러가는지 동향을 파악하기 위해서였다. 팩 엑스포 인터내셔널은 세계 3대 포장박람회 중 하나로 포괄적인 대규모 패키징 박람회로 유명하다.

첫날, 혼자서 전시장 곳곳을 둘러봤다. 아이디어 넘치는 신기한 첨단의 포장 기술과 포장재들이 눈길을 사로잡았다. 시간 가는 줄 모르고 다양한 패키징 기술과 포장재들을 구경하는데 눈에 확 들어오는 게 있었다. 폐지를 이용해 모양을 만드는 펄프몰드(Pulp Mold)였다. 펄프몰드로 만든 다양한 포장재들을 보고 관심이 생겨 짧은 영어를 동원해 이것저것 물어보았다.

펄프몰드는 폐지를 물에 녹여 액체처럼 만든 후 금형으로 모양을 만들고 건조시켜 완성된 제품을 포장재나 완충재로 사용하는 것이다.

포장재나 완충재로 사용한 스티로폼이나 플라스틱이 심각한 환경오염 문제를 일으키면서 이를 대체할 수 있는 제품으로 크게 주목을 받았다. 펄프몰드는 사용 후 재활용, 소각 등 처리가 용이해 환경 친화적이라는 평가를 받고 있다. 당시 한국에도 환경에 대한 인식이 높아지면서 스티로폼 포장재에 대한 규제가 생기고, 스티로폼을 대체하는 포장재에 대한 관심이 막 생기기 시작하던 때였다. 하지만 펄프몰드 같은 친환경 포장재는 시장에 전혀 나와 있지 않았다.

어떤 물건이든 이동할 때는 파손되지 않게 일정한 틀로 제품을 고정시켜야 하는데, 그때까지는 포장재나 완충재로 스티로폼이나 플라스틱이 사용되었다. 하지만 환경오염 문제가 대두되면서 펄프몰드가 대안으로 떠오르고 있었던 것이다. 계란, 과일, 핸드폰, 노트북, 냉장고 등등 작은 식료품에서 각종 전자제품까지 그 모든 물품을 안전하게 이송하여 소비자에게 배송되도록 하려면 그 물건을 고정 틀에 넣어 지탱시켜야 한다. 펄프몰드는 바로 그 고정 틀이 되는 환경 친화적인 포장 완충재다.

뜻밖에 받게 된 도움

다음 날은 펄프몰드에 대해 좀 더 알아봐야겠다는 생각에 시카고에서 3시간 정도 떨어진 곳에서 경제기획원 공무원으로 유학 중인 친구에게 통역을 부탁하고 함께 전시장을 다시 찾았다. 독일계 미국인이 운영하는 펄프몰드 회사였는데, 한국에서 펄프 몰드 포장재를 생산할 수 있는 가능성과 기술 이전 등에 대해 줄기차게 질문을 던졌다.

4일 동안 열리는 팩 엑스포 인터내셔널이 끝나는 마지막 날, 다시 펄프몰드 회사의 부스를 찾아가 공장 견학을 요청했다. 처음에는 완강하게 반대했으나 집요하게 요청을 하니 허락을 했고, 3시간쯤 기다렸다가 함께 공장으로 이동했다. 밤 9시가 다 되었는데도 여전히 공장은 가동 중이어서 궁금한 것들을 물어보고 진심으로 펄프몰드 포장재에 관심이 있다는 점을 최대한 강조했다. 그리고 우리는 한국에서 이 사업을 할 예정이라 당신들의 경쟁 상대가 아니니 기술을 달라고 요청했다.

미국 펄프몰드 회사 사장은 뜻밖에 한국과 인연이 있었다. 사장의 딸이 한국 아이 둘을 입양해 키우고 있었고, 아이들은 한국인이 운영하는 태권도장에서 태권도를 배우고 있었다. 그 사장은 직접 손자들을 태워다 주곤 했던 터라 한국에 대해 잘 알고 있었다. 펄프몰드에 대한 관심은 많았지만, 의사소통에 어려움이 있자 사장은 자기 손자들이 다니고 있는 태권도장의 이재규 관장님을 소개시켜 주었다. 이렇게 시작된 이 관장님과의 소중하고 감사한 만남은 지금까지 이어지고 있다.

이 관장은 멀리 한국에서 온 사업가에게 넘치는 도움을 주었다. 적극적이고 배려심이 탁월한 분이었다. 이 관장님은 호텔에 묵지 말고 자기 집으로 가자면서, 가방을 손수 옮기셨다. 공장도 자기가 몇 번이고 데려다 줄 테니 마음 놓고 잘 견학하라고 호의를 베풀어 주었다. 그때 펄프몰드에 대한 관심과 욕심 때문에 이 관장에게 정말 신세를 많이 졌다. 한국에서도 힘든 일인데 특히 미국에서 숙식 문제, 교통 문제, 언어 문제를 모두 마치 친형제처럼 발 벗고 나서서 도움을 주셨다.

이재규 관장님의 적극적인 도움 덕분에 미국 펄프몰드 회사에 나의 관심을 충분히 피력할 수 있었다. 사장이 한국과의 인연이 남다르기도 하고 나의 적극적인 노력을 알기 때문에 계약까지 순조로울 것이라고 생각했다. 하지만 그것은 나의 순진한 착각이었다. 그들은 비즈니스에 대해서는 철저히 선을 그었다.

5

무식한 용기가 낳은
최고의 기술력

●
●
미국 회사와의 계약은 불발되고

그 후 나는 5번 미국을 오갔으며 갈 때마다 이 관장님 부부의 헌신적인 도움 아래 계약 성사를 위해 심혈을 기울였다. 이재규 관장님도 팔을 걷어붙이고 도와주었지만, 이 일이 기계 판매와 기술 이전 같은 까다로운 사업 계약이어서 아무래도 한계가 있었다. 미국 회사는 자문 변호사를 통해 자신들의 수익과 우리의 지불 능력을 철저하게 계산했고, 치밀한 줄다리기 협상 끝에 30만 달러의 각서와 계약서를 작성했다. 이제 돈만 지불하면 펄프몰드 사업 가능성을 확보하게 되는 것이다.

그 당시 30만 달러는 나에게 굉장히 부담스러운 금액이었으나, 이 일을 꼭 하고 싶다는 생각에 무리하게 밀어붙인 부분이 있었다. 한국에서는 계약 전 대출을 타진하였고, 은행에서는 별 문제 없이 대출해 줄 것처럼 이야기했는데 막상 계약을 하고 나니 은행은 한발 물러나 대출 불가 결정을 내렸다. 낭패였다. 1차로 지급해야 할 대금을 미국 회사에 지불하지 못하는 상황이 되면서 계약은 파기되는 국면으로 접어들었다. 그리고 1년 뒤 다시 그 회사를 찾았을 때, 그들은 30만 달러의 분할 지급 방식을 바꿔 50만 달러의 일괄 현금 지급을 요구했다. 30만 달러도 5년 분할 지불이 힘든데, 일시불 50만 달러는 내 형편으로는 꿈도 꿀 수 없었다. 결국 5번이나 미국을 방문하면서 작성한 계약은 그렇게 물거품이 되었다.

하지만 펄프몰드 사업은 꼭 해 보고 싶었다. 야심차게 도전했던 일이라 이대로 끝낼 수는 없었다. 시카고에서 개최된 팩 엑스포 인터내셔널을 통해 알게 된 펄프몰드 회사에서 가장 매력적으로 보였던 것은 공장 체제였다. 한국은 종이 만드는 회사는 종이만, 박스의 원자재가 되는 판지 만드는 회사는 판지만, 박스 만드는 회사는 박스만 생산했다. 제지공장, 판지공장, 박스공장 등 3단계로 나뉘어 있었는데, 미국 회사를 보니까 그 3가지를 모두 제지공장과 계열사에서 소화하고 있었다. 그렇게 하는 것이 당연하고 합리적이라는 판단이 들었다. 현재는 그렇지 않더라도 멀지 않은 장래에 그렇게 재편될 것이라고 여겨졌다.

그러다 보니 지금 우리 회사가 하는 것처럼 원자재를 사다가 박스만 만들어 납품하는 형태로는 정말 미래가 암울하다는 생각이 들었고, 더더욱 새로운 사업 구상과 아이템 개발이 절실했다. 스티로폼 사용에 대한 규제가 강화되고 있는 것은 세계적인 흐름이어서 나는 더더욱 펄프몰드에 대한 확신이 있었다. 게다가 한국에는 아직 펄프몰드가 들어오지 않은 상황이어서, 첫 주자로서 잘 시도하기만 한다면 경쟁력이 있겠다는 판단이 들었던 것이다.

펄프몰드 사업에 한 발을 내딛다

계약이 무산됐지만 이대로 물러설 수는 없었다. 미국 회사와 계약할 때 미국 측 자문 변호사가 다른 회사와의 계약서라며 초안을 보여줬던 일이 있었다. 계약서 사본은 회사 정보 같은 중요한 정보들을 매직으로 지운 상태여서 겉으로는 잘 보이지 않았다. 그가 잠깐 자리를 비운 사이 계약서를 불빛에 비춰 보니 회사 이름이 나타났다. 그때 회사 이름을 메모해 두었던 일이 생각났다. 그 전에 얼핏 호주에 있는 회사와 계약했다는 이야기도 들었던 터라, 회사 이름만 가지고 호주에 있는 펄프몰드 회사를 찾아 나섰다.

코트라(KOTRA)를 통한 수소문 끝에 미국 회사가 펄프몰드 기술을 팔았던 호주 회사를 알게 되었고, 실제로 호주에 가서 A사를 찾아갔다. A사는 원래 주업종이 종이였는데 펄프몰드가 시장성이 있다고 판단하고 뛰어들었으나, 지금은 그 사업을 접은 상태였다. 예상보다 수익성이 떨어진 데다 공장에 화재가 나서 더 이상 진행하지 않은 것이었다. 결국 호주 A사와 펄프몰드 사업을 계약해 보려던 계획도 수포로 돌아갔다.

하지만 결코 포기하지 않았다. 귀국해서 기도를 하는데 A사에서 펄프몰드 기계를 다뤘던 기술자를 찾으면 뭔가 해법이 나올 수도 있다는 생각이 들었다. 다시 호주를 방문해 기계를 설치했던 사람을 찾아냈고, 미국 회사에서 도면을 받아 실제로 기계를 제작했던 기술자들도 어렵게 만났다. 그들은 호주 회사에서 제작했던 펄프몰드 기계를 그대로 만들 수 있고 완벽하지는 않지만 일부 도면도 가지고 있다고 말했다. 펄프몰드 사업을 여는 첫 번째 출입구의 열쇠를 확보한 기분이 들었다.

협상 조건으로 펄프몰드 기계에서 가장 핵심적인 부분은 호주에서 제작해 들여오고 도면 구입 비용으로 5만 달러를 지불하기로 했다. 이와 같은 협상을 완성하기까지 호주에도 6번 다녀왔다. 그렇게 펄프몰드 사업에 한 발을 내딛게 되었다. 아마 내가 직접 기계를 제작하거나 기술을 가진 엔지니어였다면, 이런 시도는 불가능했을지 모른다. 오로지 펄프몰드 사업을 하고 싶다는 열망, 그리고 무모함에 가까운 도전 의식이 낳은 성과였다.

무에서 유를 창출한 가슴 벅찬 사건

호주 기술자 2명이 한 달 동안 우리 한국 공장에 와서 마무리를 하기로 했다. 그들은 자신들의 1년 휴가를 한국에서 일하는 데 썼고, 우리는 그들에게 하루 500달러로 계산해 기술 비용을 지불했다. 나는 가장 싼 비행기 표를 찾아 호주 출장을 다녔지만, 그들에게는 그들의 요청에 따라 내가 한 번도 이용해 보지 못한 비즈니스석을 제공했다. 어떻게든 이 일을 성사시켜야 한다는 일념으로 '모셔온' 셈이다. 일이 많으면 자연스럽게 야근이나 밤샘을 하는 우리와 달리, 호주 기술자들은 철저히 하루 8시간 근무로 한 달 동안 기기 제작과 기술 이전을 해 줬다. 결국 기계 제작에 성공해 시험 가동까지 해냈다. 완벽하진 않지만 완제품까지의 그림이 그려졌다. 미국 5번 호주 6번 합계 11번의 해외출장이 있었으며 출장 때마다 작은 선물을 고심하며 준비한 결과라고 생각된다.

이때부터 우리 회사는 펄프몰드 기계의 완제품을 수입하지 않고, 우리 손으로 직접 기계를 제작하고 직접 운용하는 성과를 이루게 됐다. 이것이 첫 번째 펄프몰드 기계의 설계와 제작이었다. 그때부터 우리가 갖추게 된 제작 능력과 기술력은 현재 국내 펄프몰드 업계 1위 자리를 지킬 수 있는, 경쟁력 있는 최고의 자산으로 자리 잡는 시발점이 되었다.

다른 사람의 눈엔 아무것도 아닌 것처럼 보일지 모르지만, 나에겐 가슴 벅찬 일대 사건이었다. 그야말로 무에서 유를 창조한 기분이었다. 갈 길은 멀겠지만, 희망의 빛이 강렬하게 눈앞에 펼쳐지는 기분이었다. 1993년 시카고 팩 엑스포 인터내셔널에서 펄프몰드를 처음 본

이래 만 4년여 만에 거둔 성과였다.

  만약 내가 엔지니어였다면 이 일은 시작도 하지 못했을 것이다. 나는 기계도 모르고 도면도 볼 줄 모른다. 펄프몰드 사업은 제지 산업과 유사하지만 제지 산업은 모든 산업이 결합된 결정체다. 즉 물, 불, 공기, 진공, 자동화가 조화를 이루어야 가능한 사업이다. 이런 어려움이 있기에 제지산업이 힘들고 자본도 많이 투입되는 힘든 사업인 것이다. 진짜 아무것도 모르는 문외한이었기에 여기에 뛰어들었던 것 같다. 무식해서 용감했던 것일까. 결과만 생각하고 달렸기 때문에 가능했고 아무것도 없는 무에서 이루어 냈기에 더 많은 애착이 간다.

  이 모든 결과는 나의 열정을 아시는 하나님의 도우심임을 확신하며 하나님께 감사한다.

6

은혜로
새 사업의 안전한 시작

●
●
하루 전날 취소한 은행장과의 약속

소규모로 미약하게 1996년 펄프몰드 사업에 진출하고 1997년 IMF를 겪은 것까지를 생각하면 하나님께서 늘 함께하심을 실감한다. 꿈은 있지만 돈은 없는 상황이었는데, 그 가운데 하나님이 섬세하게 길을 열어 주셔서 어려운 고비를 잘 넘겨 왔다고 생각한다.

미국 회사와의 계약이 파기되고 다시 호주 회사와 협상에 들어갈 즈음이었다. 친구 백화종을 만나서 사업하면서 겪는 이런저런 어려움을 토로했다. 당시 그 친구는 종합일간지 편집국장으로 재직 중이어서 정재계 유력 인사들과 친분이 돈독한 사이였다. 그는 사업하면서 자본도 없이 고생하는 나를 안타까워하며 항상 도와주고 싶어 했다. 사업계획서를 잘 꾸며 가지고 와 은행장을 함께 만나자고 약속을 잡았다. 부탁할 바엔 100억 원쯤 대출을 받자고 하였다. 그 당시 100억 원은 나에겐 천문학적인 숫자였다. 그렇지만 정부가 정책적으로 밀고 있었기에 가능성은 충분하였다.

  사업계획서를 만들고 은행장과 만나기로 약속까지 했지만, 나는 고민 끝에 하루 전날 약속을 취소했다. 친구를 통해 도움을 받는다는 것이 부담이 됐고, 거액의 대출을 받는다고 해도 상환 능력에 자신이 없었기 때문이다. 아무리 생각해도 그것은 분수에 넘치는 일이었다. 아마 그 자리에 나갔더라면 100억 원은 아니라도 상당한 금액은 너끈히 대출을 받았을 것이고, 그렇다면 좀 더 쉽게 펄프몰드 사업을 진척시켰을 것이다. 다리를 놓아 준 친구에게는 미안한 일이지만 장고 끝에 하루 전날 은행장과의 만남을 취소한 것은 지금 생각하면 백번 잘한 일이었다. 그렇게 큰 돈을 융자받았다면 그 후 IMF가 터지면서 그 부채와 이자 때문에 우리 회사는 100% 넘어졌을 것이다.

분수를 지킬 때 위험을 피할 수 있다

  그때 중요한 교훈을 얻었다. 사람은 자기 분수를 지키면서 행동해야 한다는 것이다. 눈앞에 좋은 기회가 왔다는 것에만 신경을 쓴 나머지 자신의 분수에 넘치는 선택을 한다면, 잘못되었을 경우 제어할 수 없는 후폭풍으로 이어지고 결국은 자신을 쓰러뜨리고 만다. 그 당시 친구의 분에 넘치는 호의를 마다하고 현실적인 선택을 하게 함으로써 하나님께서는 회사와 나를 지켜 주셨다.

그 후 아주 정상적인 절차를 밟아 6억 원을 융자받았다. 1990년대 말만 해도 그렇게 융자를 받으면 은행에 답례를 하는 게 일반적인 관례였지만 내가 융자받은 은행 지점장은 그런 관행과 무관하게 약간의 답례를 하려고 해도 정중하게 거절할 정도로 바른 분이셨다.

생각해 보면 아무리 작은 물건을 생산하더라도 고객이 우리 회사 물건을 필요로 해서 구입하러 찾아오는 일을 하도록 해 달라고 오랫동안 기도해 왔는데, 펄프몰드는 그 기도 응답의 시작이었다. 내 입장에선 가장 좋은 쪽으로 상황이 전개되었다. 미국 회사에는 최대 50만 달러를 지불해야 할 수도 있었지만 호주 회사와 연결되면서 그 10분의 1인 5만 달러에 계약이 성사되었고, 이를 위한 자금 조달도 무리하지 않는 범주에서 깔끔하게 이뤄졌던 것이다. 하나님께서는 자금 없이 새로 시작한 사업에서 무리가 될 만한 요소들을 하나하나 배제하면서 새 사업의 안전한 시작을 보장해 주신 것이다.

1996년, 국내에서도 점차 펄프몰드에 대한 관심이 많아지면서 외국에서 수백억 원씩 주고 펄프몰드 기계를 들여오는 회사들이 생겨났다. 펄프몰드의 시장성이 있다는 판단 아래 거액의 설비 투자와 대량 인력 투입으로 펄프몰드 회사 몇 군데가 우뚝 섰다. 그들이 가진 기계는 우리로서는 경쟁 자체를 할 수 없는 고가의 기계들이었다. 환경오염 문제를 의식한 정부도 이런 대형 펄프몰드 회사에 거액의 융자를 지원했다. 그러나 현실은 생각만큼 녹록지 않았다.

펄프몰드는 제품의 안전성을 확실하게 보장할 수 있을 만큼 우수해야 한다. 그런데 그들은 기술력이 없다 보니 제품 안전성 수준이 뒤떨어졌고, 기술이 뒷받침되지 않은 상황에서 비싼 기계로 어렵게 제품을 생산하다 보니 제품 단가만 높아졌다. 결국 품질은 떨어지고 가격은 비싸다 보니 그런 회사들은 하나같이 물건이 팔리지 않아 고전을 거듭했다. 게다가 그들은 펄프몰드 한 품목에만 올인하고 있어 위험 부담은 더더욱 컸다.

또 하나의 대안을 가지고 버티기

그런데 우리 회사는 아주 소규모로 시작해 사정이 좀 달랐다. 내 입장에서는 아주 대단한 투자를 한 것이지만, 다른 회사들에 비하면 수십 분의 1에 해당하는 매우 작은 투자였다. 그리고 회사는 위험 분산을 위해 포장박스를 하면서 펄프몰드를 같이 했다. 펄프몰드가 잘 안 되더라도 포장박스로 회사를 유지할 수는 있어서 IMF를 견딜 수 있었다. 수백억 원을 투자해 만든 펄프몰드 회사들은 펄프몰드에만 올인했기 때문에 부진한 물건 판매와 비싼 이자 부담으로 자금난에 빠지면서 하나둘 무너지기 시작했다.

어디 펄프몰드뿐일까? 사업하는 사람들 중에는 새로운 사업 아이템이 있으면 그 아이템에 무리하게 올인하는 경우가 많다. 지금 우리 회사도 계란판을 만들고 있는데, 이것이 사업성이 있다고 해서 계란판 하나만 보고 뛰어든다면 그것은 매우 위험하고 무모한 도전이 될 것이다. 가격 경쟁에서 밀릴 경우 바로 시장에서 퇴출될 수밖에 없기 때문이다.

실제로 그렇게 해서 실패한 사람들을 많이 보았다. 그러나 우리 회사는 계란판만 만드는 것이 아니라 펄프몰드 포장재도 같이 하고 있기 때문에 한쪽 판매가 다소 부진했어도 다른 쪽이 버텨 주었다. 초기에 수백억 원씩 투자하며 펄프몰드에 뛰어들었던 이들이 줄줄이 무너질 때 우리는 그렇게 해서 시장에서 살아남을 수 있었다.

사업 다각화 차원서 못자리용 매트 초아방 인수

쌀은 우리의 주식이며, 우리나라는 전통적으로 쌀농사를 지어 왔다. 쌀농사를 짓기 위해서는 필수적으로 못자리를 해야 하는데 우리가 생산하는 초아방 매트는 우리의 전통 방식에서 벗어나 새로운 시대의 새로운 방법으로 못자리를 하는 제품이다. 일반 못자리는 흙을 사용하지만 초아방 매트는 흙이 필요 없이 피트모스, 코코피트, 그리고 펄프를 주로 혼합하여 만든 보드 형태의 매트에 볍씨를 파종한다. 즉 흙을 대신하여 손쉽게 못자리를 하는 농자재이다. 전통적인 방식으로 하자면 무거운 흙을 사용해야 하고 흙 자체도 고와야 하기 때문에 흙을 준비하는 데 어려움이 많고 그만큼 많은 인력도 필요하다. 초아방 매트를 사용하면 가볍기 때문에 특히 좋다. 농촌 일손이 갈수록 노령화되는데, 무게가 5분의 1밖에 되지 않으니 힘이 덜 들고, 생산 과정에서 비료와 농약을 투입하기 때문에 간편하게 못자리를 할 수 있는 제품이다.

 내쇼날아그로라는 농자재 회사의 상품을 10년 동안 임가공해 주다 3년 전 풍년그린텍의 품목으로 진입시킨 아이템이다. 이 제품은 김제 공장에서 생산하여 전국 벼 농가에 보급하고 있으며 일본에도 수출하고 있다.

7

신의는
위기를 넘길 수 있는 힘

삼성 납품도 포기하고

처음에 펄프몰드를 시작했을 때는 포장용 완충재를 만드는 것이 목표였다. 마침 삼성전자와 LG전자에서 우리가 펄프몰드를 한다는 것을 알고 찾아왔다. 그즈음 삼성은 그린컴퓨터(Green Computer)로 한창 주가를 올리며 빅히트를 치고 있었다. 그린컴퓨터는 전력 사용량을 낮춰 에너지를 절약하고 재활용 가능한 부품과 포장재를 사용해서 친환경적으로 만든 컴퓨터를 말한다. 그래서 제품 포장재도 스티로폼이 아닌 펄프몰드를 사용하려 했던 것이다. 삼성 그린컴퓨터를 목표로 수백억 원을 들여 펄프몰드 사업을 시작한 회사가 있었는데, 삼성은 그 회사 외에 납품이 가능한 다른 업체들도 알아보고 있던 중이었다. 삼성과 거래만 성사된다면야 좋은 일이겠지만, 우리 회사는 너무 소규모여서 삼성의 물량을 맞출 능력이 되지 않았다. 삼성이 요청한 제품을 개발하는 데는 성공했지만, 기술이 아직 부족해서 균일한 품질의 제품을 생산할 만한 여건이 되지 않아 결국 삼성 그린컴퓨터의 포장재 납품은 포기했다.

그런데 그때의 포기는 현명한 판단이었다. 삼성이라는 대기업에 납품한다는 것에 흥분하여 힘에 부치는데도 불구하고 무리하게 시설을 확장하는 것은 잘 따져볼 일이다. 큰 오더만 바라고 시설을 확장했다가 계약이 연장되지 않거나 파기된다면 그 뒷감당은 오롯이 나의 몫으로 남기 때문이다. 그러므로 사업을 할 때는 자신이 그 일을 감당할 수 있는지 따져보는 등 명확한 상황 판단과 냉엄하고도 객관적인 자기 인식이 반드시 필요하다.

삼성과의 거래 포기 등 펄프몰드 사업의 초창기 상황은 결코 순탄치 않았다. 기계는 공장에서 돌아가고 있었지만, 그다지 큰 수익은 내지 못하는 상황이었다. 펄프몰드라는 새 사업에 모든 신경을 집중하느라 포장박스 사업은 제대로 돌보지 못한 채 겨우겨우 돌아가던 상황이었다. 그렇게 힘겨운 상황에서 1997년 IMF 경제 위기를 맞게 되었다.

마음 깊은 곳에서 나오는 간곡한 기도

진짜 부도를 낼 수밖에 없는, 너무나 어려운 상황이었다. 그래도 명

색이 신실한 교회 장로인데 어떻게 부도를 내나, 부도를 내더라도 거래처에 피해를 덜 주어야 할 텐데 그런 방법이 있을까 고민이 많았다. 다른 사람에게 피해를 주어 하나님 나라에 누를 끼치는 신앙인이 될 수는 없지 않은가. 회사 상황 때문에 다시 불면의 밤을 보내는 날들이 많았다. 할 수 있는 일들이 별로 없었다. 유일한 방법은 기도로부터 찾을 수밖에 없었다. 그때 정말 기도를 열심히 했다. 솔직하고도 진실한 기도를 하나님께 드리며 길을 열어 주시기를 간절하게 간구했다.

"하나님, 하나님을 믿는 사람으로 다른 사람에게 보탬은 못 될망정, 부도내서 다른 사람에게 피해를 입혀서는 안 됩니다. 어떻게 해야 합니까. 이 위기를 잘 극복할 수 있도록 길을 보여 주시옵소서." 마음 깊은 곳에서 나오는 간곡한 기도가 계속되었다. 막막하고 어둡고 답답한 현실 속에서 희미한 빛이 들어오기 시작했다. 하나님은 간절한 기도를 외면하는 분이 아니시다.

포장박스를 많이 쓰는 회사는 보통 2곳으로부터 납품을 받는다. 그런데 외환 위기가 오면서 우리 회사 같은 포장박스 제조업체들의 줄도산이 이어졌다. 우리 회사와 다른 회사 두 곳으로부터 포장박스를 받았던 회사들 중에는 우리 외에 다른 포장박스 회사가 도산하면서 납품을 받을 수 없게 되자 우리 회사에 그 일까지 몰아 주었다. 우리 회사가 신용이 있었기 때문에 가능한 일이었다. 그 신용은 거액의 부도를 당하고도 3년 반 동안 변제하는 등 고군분투하면서 얻은 것이었다. 업계에서는 내가 부도가 난 뒤에도 원자재를 공급받을 정도로 신용을 얻은 사람이라는 걸 다들 알고 있었다. 그렇게 상황이 반전되면서 외환 위기에 매출은 2배로 뛰어올랐다. 우리 회사는 숨통이 트이고 위기에서 벗어날 수 있었다. 박스에서 매출이 증가하지 않았다면 회사는 문을 닫았을 것이다.

위기를 벗어나도록 인도해 주신 하나님

IMF 때 우리 회사는 매출이 증가하고 오히려 자금난도 해소되었다. 나는 아무리 어려워도 다른 사람에게 돈 빌려 달라는 말을 잘 못하는 성격이다. 그런데 그즈음 정말 자금 사정이 안 좋아서 어려움을 겪고 있을 때 친구들이 선뜻 도와줬다. IMF 외환 위기에서 조금 벗어난 시기, 은행 이자로 한참 이득을 보던 한 친구는 은행 이자가 너무 많이 떨어져서 재미가 없다는 이야기를 우연히 꺼냈다. 그래서 내가 종전 이자를 주기로 하고 그 친구로부터 자금을 융통했다. 회사를 정리하고 여유 자금이 좀 있던 다른 한 친구는 아무 조건 없이 2억 원을 빌려주기도 했다. 어려운 시절이었지만 평소에 쌓아 두었던 신의가 있었기에 고비를 넘길 수 있었다.

IMF라는 국가적인 위기가 우리 회사에도 엄청난 위기로 다가왔으나, 하나님께서는 피할 길을 이렇게 내 주셨다. 나는 돈을 빌릴 생각도 못 했는데, 주변 친구들 상황이 나에게 돈을 빌려줄 수 있도록 흘러간 것이다. 신앙인으로서 부도를 낼 수 없다는 안타까운 마음에 간절히 기도한 것이 내가 한 일의 전부인데, 하나님은 나를 위기에서 벗어나도록 인도해 주셨다.

    IMF 때는 정상적인 회사도 무너지는 일이 다반사였다. 하물며 재정 상태도 어려운 회사가 새로운 투자를 해서 제품이 생산되지 않는 상황에서는 무너질 확률이 90% 이상이었다. 그런 어려운 상황에서도 우리 회사는 살아남았다. 내 곁에서 나의 일하는 모습을 보고 계신 하나님의 도우심 아닌 다른 이유가 있을까? 나를 살리신 이는 오직 하나님 바로 그분이었다.

4부

사업을
성공으로 이끈
지혜들

1

펄프몰드, 대세로 떠오른 친환경 완충재

● 달걀 보관, 볏짚에서 펄프몰드로

전자제품에는 안전한 보관과 이동을 위해 대부분 완충재가 사용된다. 완충재는 우리 주변에서도 쉽게 볼 수 있다. 새 핸드폰을 구입하면 고급 박스에 담겨 있고, 박스 뚜껑을 열면 핸드폰은 어떤 틀 안에 얌전하게 고정되어 있다. 그 틀은 플라스틱이나 종이 재질로 만들어진 완충재다. 이것은 핸드폰이 흔들려서 생길 수 있는 파손을 막기 위해 고정시키는 역할을 한다.

그뿐이 아니다. 책상 위나 거실과 부엌, 사무실에 있는 전자제품들이 지금의 공간으로 들어올 때 어떤 모습이었는지 생각해 보라. 노트북, 냉장고, 에어컨, 전자레인지, 커피포트 등등 크고 작은 전자제품은 공장에서 집안까지 튼튼한 박스 안에 완충재로 고정된 채 수많은 단계를 거치며 싣고 내리고를 반복한 다음에 현재의 공간으로 안전하게 옮겨졌다. 완충재가 고가의 신제품을 한 치의 흔들림 없이 꼭 품고 있었던 덕분이다. 이때 사용되는 완충재는 스티로폼이 대세였는데 스티로폼이 환경에 미치는 유해성 문제로 지금은 거의 종이로 대체되고 있다.

깨지기 쉬운 아주 작은 것을 깨지지 않도록 대량으로 보관하거나 운송할 때 완충재의 역할은 더 분명해진다. 내가 만드는 계란판(난좌)이 대표적이다. 1960년대만 해도 시장에서 계란을 팔 때는 볏짚으로 만든 줄계란으로 유통되었다. 보기도 좋았던 볏짚은 그야말로 친환경적인 완충재였다. 지금은 수십, 수백만 개의 계란을 어떻게 운송할까? 양계농가에서 나오는 수많은 계란을 전국 각 지역의 소비자에게 안전하게 배송하려면 계란은 깨지지 않도록 반드시 안전한 무언가에 담겨야 한다. 그 무언가가 바로 계란판이다.

동네 슈퍼마켓의 계란 코너에 가 보면 다양한 계란판을 볼 수 있다. 단단한 종이 재질(펄프몰드)의 밑판 위에 플라스틱 뚜껑을 덮은 계란판부터 판과 덮개 모두 종이로 만들어진 깨끗하고 고급스러운 계란 포장까지 다양한 형태의 계란판들이 있다.

후발주자로 시작해 업계 1위로

우리 회사는 계란 30개가 들어가는 계란판을 한 달에 3000만 장 이상 생산하며, 많을 때는 3500만 장 이상도 생산하였다. 펄프몰드는 물 99%에 종이 1%를 섞어 곱게 갈아 만든 재료를 사용한다. 언뜻 보면 꼭 종이 죽처럼 보인다. 아래서 모양 틀 역할을 하는 금형이 종이 반죽을 빨아들이면 물은 밑으로 계속 빨려들어 가고, 종이 반죽은 금형 위에 남게 된다. 그리고 금형 위에 남겨진 종이를 밖으로 꺼내 건조로에서 말린다. 이것이 펄프몰드로 계란판을 만드는 과정에 대한 간단한 설명이다.

내가 계란판을 만들기 시작한 건 1997년 무렵이다. 지금 흔히 보는 계란판은 펄프몰드 제품이다. 펄프몰드는 신문·잡지·골판지 등을 용해하여 펄프로 재생한 것을 재료로 하는 포장용재를 말한다. 1997년 당시 계란판은 모두 플라스틱이었고, 이미 상당한 최신 시설과 규모를 자랑하는 큰 회사들이 펄프몰드 계란판 시장에 진출해 있었다. 우리 회사는 1년 정도 후발주자였다. 하지만 지금은 계란판 시장에서 업계 1위다. 20여 년이 흐르는 동안 꽃길만 펼쳐져 있지 않았다. 돌밭, 가시밭길과 포장도로가 번갈아 나타나 한시도 긴장을 풀어 본 적이 없다.

국내에는 10여 개의 계란판 생산 공장이 있다. 내가 자부심을 갖는 것 중에 하나가 지금 한국에서 사용되는 기계는 대부분 풍년그린텍이 개발한 것이라는 사실이다. 펄프몰드 기계를 개발하면서 특허를 내야 했는데, 일에 몰두하다 그만 특허 신청 시기를 놓쳐 버리고 말았다. 그래서 요즘 우리와 비슷한 경쟁업체가 많아졌다. 그렇지만 우리는 한발 앞선 자동화 설비 구축을 실현해 경쟁력에서 우위를 갖추었다. 그 결과, 국내 시장은 물론 세계 시장의 문을 두드리고 있고 조금씩 그 문이 열리고 있다. 우리 풍년그린텍은 모든 기계 제작은 물론 금형 설계·제작까지 전 과정을 100% 자체 기술로 만들고 있다. 특히 우리가 직접 개발하고 제작, 생산하기 때문에 개선점을 발견하면 곧바로 실행에 옮기는 것이 가장 큰 장점이다. 이제는 30구 계란판만이 아니라 고급 계란을 포장하는 10구, 15구 팩을 생산하고 있고 기존 생산 방식의 3~4배 효율을 내는 기계를 제작, 생산하고 있으며 특허도 취득했다.

계란은 온 세계가 주요 식품으로 애용한다. 우리가 생산하면서 개선해서 만든 모든 기계를 가지고 세계를 향해 도전하는 플랜트 수출을 꿈꾸고 있다.

2

원칙을 지키면서 지혜를 발휘해 은혜를 입다

처음부터 꽃길은 아니었다

처음부터 계란판 생산을 목표로 펄프몰드 사업을 시작한 건 아니었다. 완충재로 많이 쓰이던 스티로폼이 환경 문제로 규제 대상이 되자, 나는 가장 환경 친화적인 완충재가 펄프몰드라고 판단했다. 그렇게 미래를 내다보고 펄프몰드를 시작했는데 여전히 시장에서는 스티로폼이 효능을 앞세워 판로를 완전히 장악하고 있었다. 몇몇 회사가 종이로 완충재를 만들기 시작했지만 효능은 스티로폼을 따라가지 못했다. 펄프몰드가 새로운 분야이다 보니 기술도 부족하고 자본도 열악했다. 펄프몰드로 성공하는 것이 거의 불가능한 일처럼 보였다.

아마 내가 다른 일은 하지 않고 오직 펄드몰드에만 올인했다면 풍년그린텍은 없어졌을 것이다. 하지만 나는 펄프몰드 시장 초기에 들어가긴 했어도 그동안 해 오던 박스 제작을 계속하고 있었다. 미래의 시장성을 보고 펄프몰드를 새 사업으로 시작했지만, 한편으로는 박스 생산을 계속한 것이다. 고민이 깊었던 시기였다. 박스 제작이 너무 힘들어서 펄프몰드 쪽으로 사업 방향을 전환할 생각이었는데, 기대한 만큼 펄프몰드 시장은 성장하지 못하고 있었다. 그래서 박스 생산을 접지 못했던 것이다. 박스 제작은 원자재 공급이 가격에 많은 영향을 받기 때문에 경쟁력이 떨어지는 분야였다. 판지 회사에서 원자재(판지)를 받아 박스를 만들고, 그다음에는 영업력을 발휘해 박스를 팔아야 하는 것이 박스 사업이었다. 원자재를 최대한 저렴한 가격에 안정적으로 공급받아야 하기 때문에 늘 판지 회사에 신경을 써야 했다.

두 번째 카드가 도약의 발판이 되다

특히 판로 개척을 위해서는 끊임없이 영업력을 발휘해야 하는데, 내가 영업용 접대를 하지 않는다는 원칙을 세워 놓아서 영업에 늘 어려움이 있었다. 크리스천 기업가인 만큼 영업을 목적으로 술 접대를 하고 2차, 3차를 가는 관행을 받아들여서는 안 된다고 생각했다. 크리스천으로서 살아간다는 것은 그저 교회 예배 때만이 아니라 일하는 현장에서도 그렇게 살도록 노력해야 한다는 것을 의미했다. 일상에서 가볍게 술 한잔 하는 것은 용납할 수 있지만, 술로 접대는 안 한다는 원칙을 지켰기 때문에 박스 영업은 늘 어렵기만 했다.

그런 점에서 펄프몰드는 원자재 공급이나 판매 면에서 강점이 많았다. 신문지나 골판지 등을 용해해 펄프로 재생산한 것을 재료로 하기 때문에 원자재 공급과 가격에 휘둘리지 않을 수 있었다. 판매 면에서도 시설과 기술만 있으면 고정 거래처를 가질 수 있어 따로 영업할 필요가 없었다. 그래서 과감하게 펄프몰드를 시작했던 것이다.

하지만 새로 시작한 펄프몰드는 생각만큼 시장이 열리지 않았고, 그렇다고 박스 제작의 어려움도 해소되지 않았다. 펄프몰드가 지지부진한 상태에서 박스 제작으로 겨우 버텨 냈다. 펄프몰드와 박스 제작을 병행한 것이 우리 회사를 살린 것이다. 수백억 원씩 투자해 펄프몰드에 올인한 회사들은 고전을 면치 못했다. 꽤 좋아 보이는 새 카드가 생겼다고 단번에 기존의 카드를 버리는 것은 현명하지 않다. 새 카드는 시장에서 아직 검증받지 않았기 때문이다. 우리는 박스 제작이라는 두 번째 카드가 있었기 때문에 어려운 시기를 견뎌 낼 수 있었다.

봄날이 열릴 줄 알았지만 아직은 겨울이었다. 펄프몰드의 봄날을 기다리며 박스 제작 판매로 겨울을 견디고 있었다. 박스마저 없었다면 우리 회사도 쓰러졌을 것이다. 기존의 박스라는 대안이 살아남을 수 있는 기반이 되어 주었다. 두 번째 카드를 가지고 일하는 것은 나에게는 좋은 지혜였다. 철저한 계획에 의한 것도 아니었고, 예상했던 일도 아니었다. 나는 그것이 하나님의 은혜라고 생각한다.

3

무리한 투자는
독배가 될 수 있다

대기업의 솔깃한 제안을 거부한 이유

펄프몰드의 미래를 낙관적으로 진단한 건 우리 회사만이 아니었다. 몇몇 회사들이 막대한 자금을 투입해 설비를 갖추고 많은 인력을 고용해 펄프몰드 사업에 뛰어들었다. 그들은 수백억 원씩 투자해 오로지 펄프몰드로만 승부를 보려고 했다. 환경 문제로 스티로폼 완충재에 대한 규제가 심해지니까 많은 기업들이 그 대체재를 찾기 시작했고, 그래서 주목받기 시작한 것이 펄프몰드였다.

스티로폼 완충재를 사용하던 삼성 등 우리나라 대기업들이 우리 회사를 방문해 많은 의견을 나누고 개발을 의뢰함에 따라 나도 이 사업을 낙관적으로 전망했다. 하지만 그 전망을 현실화시키기엔 우리 회사의 재정 능력과 기술이 턱없이 부족했다. 결국, 나는 대기업의 제안을 수용하지 않는 것으로 결론을 내렸다. 그리고 자구책으로 시작한 것이 계란판이다. 어쩌면 우리가 가진 설비와 기술, 판로 등을 고려할 때 최적의 아이템은 계란판이었다. 계란판이 처음 목표는 아니었다는 말이다. 물론 우리보다 큰 규모로 펄프몰드에 뛰어든 대기업들도 계란판으로 시작했다.

하지만 그들은 수백억 원씩 투자한 만큼 계란판으로 수익을 내자면 계란판 가격을 낮출 수가 없었다. 기계가 고가이기에 그들에게는 감가상각비도 부담이 되었다. 시장에서는 펄프몰드의 품질이 스티로폼의 장점을 완벽하게 커버하지 못하자 펄프몰드에 대한 관심도 줄어들었다. 그렇게 되자 무리하게 투자한 기업들은 사방에서 자금 압박을 받기 시작했다. 인건비도 부담이었지만, 투자비 상환 시점이 임박하면서 회사가 존폐 기로에 서게 된 것이다.

실용적 투자로 도약의 발판 마련

반면에 우리 회사는 기계를 자체 제작하였기 때문에 기계나 설비에 대한 투자 비용을 낮추는 것이 가능했다. 품질은 좀 떨어지더라도 가격을 낮추니까 시장에서는 오히려 저가정책이 경쟁력을 갖게 되었다. 게다가 박스 제작에서 남은 종이를 계란판 제작에 사용할 수 있어서 원가도 절감되었고, 우리 회사 기계는 제작비가 저렴해서 감가상각비도 거의 없었다.

당시는 계란판이 플라스틱에서 펄프로 넘어오는 시기였다. 농가에서는 가격이 부담되어 품질이 좀 떨어지더라도 값싼 제품을 찾고 있었다. 지금은 완전 자동화되어서 계란판도 규격화된 품질이 요구되지만, 그때는 계란도 일일이 사람 손으로 판에 넣었기 때문에 계란판이 조금 비뚤어져도 큰 문제가 되지 않았다. 생산 농가에서는 품질이 좀 떨어져도 계란만 깨지지 않으면 된다고 생각해 싼 값의 계란판을 찾았고, 그들의 그런 구매 행태는 우리 회사와 잘 맞아떨어졌다. 실제로 가격 경쟁이 치열해지면서 초기 120원이었던 계란판 1장이 당시 40원까지 떨어지자 대다수 회사들이 문을 닫을 수밖에 없었다. 결국 투자 비용이 컸던 회사는 계란판을 제대로 팔지 못해 무너지고, 우리는 계속 계란판을 잘 파는 구도가 형성된 셈이다.

우리 회사의 설비 투자 비용은 큰 회사의 10%도 되지 않았고, 가격 경쟁에서도 우리 회사가 앞섰기 때문에 우리는 계란판을 꾸준히 판매할 수 있었다. 이것이 바로 초기에 우리 회사가 계란판을 제작하며 펄프몰드 기업으로 안착할 수 있었던 중요한 이유다.

펄프몰드 초창기에는 완충재로 플라스틱과 종이를 같이 쓰고 있어서 수요가 그렇게 많지는 않았다. 은행 대출이자도 비쌌던 시절이라 은행 대출로 고가의 기계를 구입한 큰 회사들은 그만큼 시장에서 수익을 내지 못해 하나씩 도산의 위기에 몰렸다. 그리고 시장에서 퇴출돼 파산한 회사가 갖고 있던 고가의 기계들이 고철값이나 다름없는 헐값에 나왔다. 아무리 성능 좋은 기계 설비라 하더라도 그것이 정말 필요한 사람에게 가지 않으면 그 기계는 고철덩어리에 불과하다. 제빵사에게 오븐은 반드시 필요한 기계지만, 시루떡을 만들어 파는 떡장사에게는 쓸모없는 기구가 되는 것처럼 말이다.

펄프몰드 회사가 도산하면 회사의 중요한 기계들은 고철이 될 수밖에 없다. 일반 사람들은 펄프몰드를 잘 모르니 그 기계가 무용지물일 뿐이다. 반면 우리 회사는 그 기계의 쓰임을 잘 알고 있었으므로 재빨리 그 기계들을 사들였다. 가격은 원래 가격에 비하면 고철값 수준으로 떨어져 있었다. 우리 회사로서는 고가의 다양한 설비를 싸게 마련할 수 있는 절호의 기회였다. 지금 당장 필요하지 않은 기계도 있었지만, 기계 연구를 위해서 구입하기도 했다.

가격경쟁력을 갖춘 시설투자가 성공 견인차

지금은 없어진 상장업체 중 태영판지라는 회사가 있었다. 1990년대 말 평택에 대규모 공장을 세웠다. 미국 회사에서 기술을 수입해 펄프몰드 공장을 세운 것이다. 나도 미국 회사를 견학하며 설비와 기술을 주목하고 있던 차였다. 태영판지는 당시 삼성에서 하청을 받을 생각으로 사업을 크게 확장했다. 삼성이 그린컴퓨터를 출시하면서 '친환경' 이미지를 심으며 의욕적으로 광고하고 있었기 때문이다. '그린'이라는 말에서도 알 수 있듯 그린컴퓨터는 완충재로 스티로폼이 아닌 펄프몰드를 써서 환경친화적인 기업 이미지를 심어준 대히트 상품이었다. 한국에는 적당한 펄프몰드가 없어서 미국에서 비행기로 공수해 쓸 정도였다. 그래서 태영판지는 삼성에 납품하기 위해 시설 투자를 대대적으로 한 것이다.

문제는 기술력의 부재였다. 컴퓨터에 사용되는 펄프몰드는 얇거나 가벼우면 힘을 받지 못하니까 아주 두껍고 견고해야 한다. 게다가 '파손 주의' 표시를 해야 할 만큼 고가인 컴퓨터를 단단히 고정하려면 컴퓨터의 무게도 지탱해야 했다. 성급하게 삼성만 보고 뛰어든 태영판지는 그러나 이런 니즈를 만족시킬 만큼 기술력이 없어 부도를 내고 말았다. 펄프몰드에 올인하면서 무리하게 투자했다가 결국 쓰러진 것이다.

태영판지가 무너지면서 펄프몰드 기계는 헐값에 시장에 나왔다. 태영판지가 갖고 있던 기계를 주목하고 있던 나는 바로 그 기계를 고철 가격에 구입했다. 물론 그 기계를 당장 사용할 수 있는 상태는 아니었다. 건조로가 훌륭했던 그 기계는 두꺼운 펄프몰드에 적합해서 건조속도가 상당히 느렸다. 우리에게 필요했던 건 얇은 계란판을 빨리 건조시킬 수 있는 성능이었다. 그래서 그 기계를 계란판 건조에 적합하도록 개조, 업그레이드를 했다. 원래는 두꺼운 제품에 맞는 한 라인만 지나가게 되어 있던 것을 얇은 계란판에 맞게 두 라인이 지나가도록 개조하자, 경제성도 생기고 제품 생산성도 크게 향상되었다. 우리 회사의 생산성 향상은 경쟁력 제고로 이어졌다. 처음에는 태영판지에서 사들인 3개의 기계 라인 중 한 라인만 가져왔다가, 시간을 두고 한 대씩 순차적으로 더 가져와 더 큰 경쟁력을 갖추게 되었다.

　이런 방식으로 시설 투자를 했기 때문에 우리 회사의 투자비는 매우 낮았다. 펄프몰드 시장이 막 열리는 초기에 일부 기업들은 시장에 조급하게 뛰어들어 무리하게 투자했다가 수익을 내지 못하고 사라졌지만, 우리는 가격경쟁력을 가지면서 동시에 시설투자비를 현격하게 낮춰서 살아남았다. 펄프몰드에서 초창기라는 적절한 타이밍을 잡은 것, 여기에 가격경쟁력을 갖추고 저비용 시설투자를 한 것이 지금의 성공을 이끈 견인차가 되었다. 오로지 당시 상황에서 최선을 다했는데, 그때 하나님이 지켜 주신 은혜였다. 하나님은 순전한 마음으로 노력하는 우리의 모습을 보고 계신다고 믿는다.

4

인생의 원칙,
"씨 뿌려 가꾼 만큼 거둔다"

● ● 직접 기계를 제작하는 실력을 갖추다

초창기 펄프몰드 공장들은 거의 턴키(turn key) 방식으로 세워졌다. 기계를 주문받은 쪽이 일괄 수주해 제조, 설치, 시험가동 등 전체를 일괄 책임지는 경우를 말한다. 이 방식은 전문 기술 인력을 비롯해 구매 항목에 기계와 기술 등도 포괄적으로 포함되기 때문에 그 비용은 우리가 생각하는 것보다 훨씬 크다.

내가 운영하는 기업 규모의 재정 능력으로는 턴키 방식으로 기계를 들여올 수가 없었다. 그래서 경매에 나온 다른 회사의 수입 기계를 고철값에 구매, 우리 조건에 맞도록 완전히 개조해서 사용했다. 인수한 기계를 그대로 사용한 경우는 단 한 건도 없다. 물론 이를 위해서는 수많은 시간과 땀, 인내와 노력이 필요했다. 성공하기까지 개조 과정에서 많은 실패도 있었다. 하지만 궁극적으로 이런 과정은 우리가 시장에서 살아남을 수 있는 비결로 작용했다. 기계 개조는, 예를 들어 1시간에 10개의 제품을 생산했던 것을 12개, 13개 생산하도록 향상시키는 것을 뜻한다. 이런 과정을 거치면서 기술이 축적돼 이후 우리 방식의 기계 제작까지 가능했던 것이다. 이와 같은 기술 개발은 실력으로 쌓여 우리의 가장 가치 있는 자산이 되었다고 자부한다.

다른 회사들은 거액을 투자해 턴키 방식으로 기계를 수입했지만, 우리 회사는 로열티도 안 들이고 처음부터 자체적으로 기계를 개조했다. 무모한 용기이거나 거침없는 도전이라고 할 수 있다. 어설픈 기술자라면 그런 작업이 너무나 어마어마한 일이라 아예 엄두도 내지 못했을 것이다. 하지만 나는 기계를 잘 몰라서 그런지 오히려 할 수 있다는 생각만으로 도전했다. 일단 해 보자는 마음으로 무조건 밀어붙였다. 일일이 기술자와 대화를 하면서 기계를 제작하고, 사들인 기계는 품질을 착실히 개선해 나가다 보니 어느덧 좋은 결과가 나온 것이다. 때때로 용기는 전부를 알지 못하기 때문에 솟아나는 에너지가 되기도 한다.

결코 헛되지 않은 땀과 인내, 노력의 시간들

다른 회사의 기계를 사들이기 시작한 건 2003~2004년이다. 다른 공장에서 쓰던 기계를 적어도 10대 이상 구입한 것 같다. 그때는 우리에게 펄프몰드라는 것이 처음 대하는 새로운 업종이라 세계 여러 나라의 검증되지 않은 기계들을 수입했었다. 기계를 구입하다 보면 실제로 우리 회사에서는 쓸 수 없는 것들도 있다. 우리 회사와 용도가 맞지 않기 때문이다. 하지만 그것을 잘못된 선택이었다고 생각하지 않는다. 실패는 더더욱 아니다. 실패는 기회의 또 다른 얼굴이다. 이렇게 하면 안 된다는 것을 배우는 기회가 바로 실패다. 어떤 실패도 공짜로 얻을 수는 없다. 모든 실패에는 유형 무형의 비용이 지불된다. 그러므로 실패는 우리에게 교훈을 남기는 것이다.

여러 회사에서 다양한 기계를 인수했기 때문에 각각의 기계는 저마다 특성을 가지고 있었다. 호주에서는 완전히 다른 타입의 중고 기계를 사 오기도 했다. 개선을 위해 구입한 것이다. 기계를 구입하는 일이나 다 뜯어서 새로 개조하는 일에는 수많은 고생과 땀이 동반되었다. 그것은 결국 우리에게 돈과 비교할 수 없는 실력으로, 자부심으로 자리 잡았다.

우리가 가진 그 잠재력은 가장 결정적인 순간에 발휘되었다. 2012년 새로 인수한 김제 공장이 전소되는 큰 사고가 있었지만, 우리는 빠른 시간 안에 재기할 수 있었다. 우리가 가진 바로 그 실력 덕분이었다. 화재 후에 우리가 원하는 기계를 바로 제작하는 데 박차를 가했고, 마침내 성공했다. 아마 비싼 기계를 수입해서 사용했다면, 이때도 주문부터 설치까지 꽤 긴 시간이 걸려 우리 회사는 상당히 치명적인 위기를 겪었을 것이다. 하지만 우리가 직접 기계를 제작하는 노하우를 가졌기 때문에 4개월 만에 공장 건축부터 새 기계 제작까지 완료할 수 있었던 것이다. 그 후로 우리 회사는 훨씬 더 경쟁력을 갖추게 되었고, 더 빨리 성장할 수 있었다.

실패, 이유를 분명히 깨달아야

펄프몰드를 시작한 후 실패도 있었다. 바로 과일 캡과 트레이 사업이다. 지금도 조금씩 과일 트레이는 생산하고 있어서 완전한 실패라고 할 수는 없지만, 예상을 빗나간 부분이 많아 나는 이 부분에서는 실패라고 생각한다. 투자한 비용에 비하면 매출이 적기 때문이다.

과일 캡은 과일 수출이 본격화되는 시기에 펄프몰드로 만들면서 시작했다. 과일 트레이와 과일 캡 개발로 특허를 인증 받아 친환경적으로 개발된 제품이다. 정부의 포장폐기물 감량화 정책에 발맞추어 개발된 친환경 포장재로 운반이 용이하고 과일 보호 효과도 뛰어나다. 또 종이 제품이라 습기 흡수와 통풍성이 좋아 신선도 유지에도 탁월하다. 추석이나 설날 같은 명절에 받은 과일 선물 박스를 생각해 보면 쉽게 상상할 수 있다.

나는 과일 캡과 트레이를 펄프몰드로 만들기 위해 이에 맞는 기계를 새로 제작하고 금형도 만들었다. 시장성이 있다는 판단 아래 5억 원을 주고 특허를 매입하고 금형 제작과 기계 설비까지 전체적으로는 1대당 15억 원 이상을 투자했다. 당시에 내가 감당하기엔 매우 벅찬 금액이었지만, 시장에 대한 수요 평가 결과를 낙관하고 과감하게 투자했다. 그때 나의 실수는 지나치게 낙관적인 직원들의 의견만 믿고, 직접 수요 예측 등 시장조사를 제대로 못 했다는 것이다.

요즘 백화점에 가면 고급 과일들은 박스 안의 스티로폼에 곱게 하나씩 싸여 있다. 이런 과일 박스들은 설날이나 추석 같은 명절에는 더 흔해진다. 하지만 엄밀히 따지면 이런 스티로폼 완충재는 법적으로 문제가 된다. 종이로 만든 완충재를 사용해야 한다. 법은 있지만 현실은 그렇지 못하다.

생산 농가 입장에서도 종이 완충재의 경우 스티로폼보다 비용이 조금 더 들기 때문에 그렇게 반기지 않는다. 무엇보다 계란과 달리 사과나 배 등 과일은 농가에서 생산되는 크기가 다르고, 양도 많지 않아 일일이 그 수요에 맞춰 종이 완충재를 생산하기도 쉽지 않고 운송도 쉽지 않다. 한때 과일 수출이 잘 되어 해외 바이어가 종이 완충재를 요청, 농협의 지원까지 받아서 과일용 완충재를 대량으로 생산한 적도 있었다.

친환경이 대세라 과일용 종이 완충재가 빠르게 스티로폼을 대체해 갈 것이라고 생각했다. 그러나 시장에 대한 연구가 좀 더 필요했던 것일까? 막상 과일 완충재를 생산했는데, 생산 농가에서 별로 환영하지 않았다. 스티로폼은 비교적 저렴했고 비를 맞아도 괜찮았는데, 펄프몰드는 젖어서도 안 되고 오래 사용하면 변색되는 경향도 있어 사용하기 불편하다는 이야기가 터져 나왔다. 또 스티로폼은 잘 안 찢어지는데, 종이는 쉽게 찢어지고 완충력도 스티로폼보다 떨어진다는 불평도 있었다. 게다가 배나 복숭아처럼 껍질이 예민한 과일은 딱딱한 종이 완충재로 인해 표면에 긁힌 자국 등이 생겨나는 단점도 있었다.

그렇다고 종이 완충재의 장점이 없는 것은 물론 아니다. 사과나 배의 경우 종이 완충재는 스티로폼에 비해 좀 더 높은 신선도를 유지할 수 있다. 또 과일 선물을 받는 사람 입장에서는 스티로폼보다 종이가 조금 더 고급스럽게 느껴진다. 하지만 이런 장점들은 단점에 비해 크게 부각되지 않았고, 스티로폼을 외면할 만큼 종이 완충재의 장점에 설득되지도 않았다. 분명한 실패였다.

상당한 비용과 부담을 안고 한 투자였지만 예상외로 고전하고 큰 성과를 내지 못했다. 하지만 선택과 결정은 나의 몫이므로 투자를 권유한 사람이나 솔깃한 말로 특허를 판매한 사람을 원망하지도 않고, 그런 결정에 대해서도 후회하지 않는다. 원망이나 후회는 사업을 하는 데 아무런 에너지원이 되지 않는다. 깨끗이 잊고 서서 새로운 계획을 세우고 준비하는 것이 훨씬 바람직하다. 자책하느라 감정을 소모하는 데 시간과 에너지를 낭비하지 않았다. 애써 노력해서 그렇게 된 것이 아니다. 내 성품이 그랬다. 하나님께서 그런 성품을 주셨고, 나는 그런 장점을 살려 이 길을 걸어 왔다. 그 또한 감사한 일이다.

실패작이 효자 돼 또 다른 성공의 디딤돌

실패 없이 성공할 수 있다면 제일 좋겠지만 오히려 그것은 자만으로 연결될 수 있다. 그런 점에서 실패는 자신을 돌아보고 점검하는 중요한 자산이다. 실패의 원인을 제대로 분석하고 정비한다면 그 실패는 또 다른 성공으로 가는 디딤돌이 되어 준다. 나의 장점은 실패했을 때 다른 사람을 탓하지 않고 그러한 결정을 후회하지 않는 것이다. 그것은 내 힘이나 의지로는 할 수 없었을 것이다. 그 성품은 하나님이 사업하는 나에게 주신 귀한 선물이자 은사라고 생각한다.

과일 캡과 트레이를 펄프몰드로 만드는 데 쏟아부은 투자가 꼭 손해만 본 것은 아니다. 대량 생산에 맞추려고 큰 기계를 제작했는데, 이는 펄프몰드 계란팩을 대량 생산할 수 있는 생산성에는 큰 도움이 되고 있다. 실제로 보통 회사의 경우 기계 1대에서 10개 들이 계란팩 6개 정도를 찍어내는 것이 일반적인데, 우리 회사는 25개를 제조할 수 있는 생산성을 확보하는 등 경쟁력을 갖추게 됐다.

또 친환경 포장재 사용이 갈수록 늘어나고 있는 상황에서, 최근 큰 기업들이 잇따라 우리 회사를 찾아 주문 협상을 갖는 것도 대용량의 기계를 다량 보유하고 있기 때문이다. 결국 실패가 실패로만 끝나진 않은 셈이다.

모든 책임은 나에게

　내 인생의 원칙은 "씨 뿌려 가꾼 만큼 거둔다"는 것이다. 인생에 공짜는 없으며, 노력은 배신하지 않는다. 내가 노력한 대로, 내가 심은 대로 결과는 나에게 돌아오는 법이다. 봄에 씨를 뿌리지 않고 허송세월하며 지내는 사람은 가을에 빈손일 것이고, 땀과 눈물의 수고를 아끼지 않은 사람의 두 손은 가득 채워져 있을 것이다. 열매의 크기와 양은 뿌리고 가꾼 수고와 비례한다. 중고 기계를 사서 뜯고 고치고 새로 만드는 작업을 십수 년째 계속해 우리가 거둔 열매는 기술과 자신감이었다.

　씨 뿌려 가꾼 만큼 거둔다는 좌우명을 갖게 된 것도 하나님께서 주신 선물이라고 생각한다. 사업을 하면서 많은 돈을 떼이고 인간관계에서 많은 불이익을 당했을 때 나는 그저 내가 잘못해서 생긴 일이라고 인정했다. 그래서 돈이나 사람 때문에 스트레스를 받지 않았다. 어렵게 박스 사업을 할 때, 또 꽤 많은 손실이 났을 때도 법에 의존해 돈을 받으려고 하지 않았다. 정보가 부족해 자금 회수가 불가능한 곳에 물건을 납품해서 생긴 일이라고 나의 부족함을 먼저 탓했다. 돈을 주지 않으려는 사람에게 돈을 받으려고 애를 쓰느니 그 시간에 돈을 버는 것이 빠르다고 생각했다. 지금은 거래처가 너무 많다 보니 직원들이 법의 도움을 받기도 하지만, 내가 현장에서 뛸 때는 고소나 고발 사건을 만들지 않았다. 그러면서도 오늘이 있다는 것이 나에게는 행

4부 사업을 성공으로 이끈 지혜들　| 167

운이요, 하나님의 은혜다.

  씨 뿌려 가꾼 만큼 거둔다는 말의 바탕에는 모든 책임은 나에게 있다는 의미가 깔려 있다. 좋은 길로 가든 나쁜 길로 가든, 그것은 내 의지의 선택이다. 어떤 선택을 하든 내가 선택했다는 말이다. 그러므로 다른 사람에게 책임을 돌리지 말자는 뜻이다. 기업을 이끄는 사람이 그런 원칙을 갖고 있으면 직원들은 좀 더 적극적이고 도전적으로 일할 수 있고, 대표는 좀 더 책임감을 갖고 기업을 이끌어 갈 수 있다고 본다.

5

성공을 시기하는
사람들을 넘어

경쟁 회사의 질투와 두 번의 고발

펄프몰드가 국내에 들어올 즈음인 1990년대 후반만 해도 우리 기업들은 자사의 전자제품을 모두 국내에서 생산했고 수출도 많이 했다. 하지만 지금은 상황이 완전히 달라졌다. 가전을 비롯해 대부분의 전자제품을 해외 공장에서 생산해 바로 수출한다. 그 말은 펄프몰드 완충재 또한 해외 현지에서 생산해 소비되기 때문에 국내 수요가 별로 없다는 뜻이다. 대기업의 생산 공장이 중국이나 동남아, 동유럽으로 옮겨 가면서 국내 펄프몰드 완충재 수요도 대폭 줄었다.

계란판 시장의 수요가 처음부터 많았으면 큰 회사들도 눈독을 들였을 것이다. 하지만 초기 계란판은 플라스틱과 펄프몰드를 같이 하는 바람에 사용량이 크게 늘지 않을 것으로 보였다. 그 상황에서 우리 회사의 계란판 매출은 쑥쑥 올라갔다. 계란판 가격을 최대한 낮출 수 있었기 때문에 가능한 일이었다.

게다가 다른 회사가 쓰던 기계를 인수, 개조해서 쓰는 바람에 비교적 큰 투자 없이 생산력이 상승하고 시장 점유율도 늘어났다. 그러자 동종업계의 시선이 곱지 않았다. 다른 회사들은 거액을 들인 설비 투자인 만큼 그 비용을 회수해야 했기 때문에 계란판 가격을 낮추는 것이 상당히 어려웠다. 반면 우리 회사는 투자금 회수에 대한 부담이 거의 없었기 때문에 계란판 가격을 낮출 수 있었다. 계란판 생산에서 1, 2위를 차지하는 두 회사가 우리 회사의 성장을 질투해 두 번이나 우리를 고발했다.

비즈니스 세계의 씁쓸한 현실

첫 번째 고발 사유는 폐수정화시설 문제 제기였다. 공장이 가동된다고 하면 누구나 폐수가 배출될 것으로 생각한다. 하지만 우리 회사는 전혀 폐수를 발생시키지 않는다. 우리를 고발한 두 회사는 외국에서 턴키 방식으로 모든 시설을 받았기 때문에 거기에 폐수정화시설도 같이 포함되어 있었다. 그들은 자기네 공장은 폐수정화시설을 갖추고 있는데, 우리 공장은 그 시설이 없는 것을 이상하게 여겨 고발한 것이다. 펄프몰드 시장에서 우리 회사가 무섭게 성장하니까 무언가 트집을 잡고 싶었던 모양이다.

환경부와 검찰이 조사를 나와 우리 회사가 전혀 폐수를 버리지 않는다는 것을 확인했지만, 결론은 '조업 정지'였다. 폐수가 배출되지 않는데도 조업정지라니. 이 상황을 이해하기 위해선 먼저 우리 회사가 만드는 계란판 제조 과정을 알아야 한다. 우리 회사는 하루에도 수십 톤의 물을 쓴다. 물과 신문지를 섞어서 계란판의 원재료를 만든다.

계란판을 만들 때 신문용지를 사용하는 이유는 색깔과 제작 편의성에서 찾을 수 있다. 회색의 계란판은 계란 색깔과 잘 어울린다. 또 신문용지의 경우 물에 잘 풀리기 때문에 계란판 원재료로 사용하기에 적합하다. 우리 회사에서는 1개월에 수천 톤의 신문용지를 사용한다. 신문용지는 물과 일정 비율로 섞어 계란판 성형과 건조에 들어간다. 계란판은 열 건조 방식이라 계란판에 남아 있는 물기는 모두 기화된다. 이때 소요되는 가스 비용만 한 달에 수억 원에 이른다. 결론은 들어가는 물은 있으나 나오는 물은 없다는 뜻이다. 공정 과정에서 폐수가 전혀 발생하지 않는 이유다. 우리 회사는 오염되거나 재질이 나쁜 종이는 아예 쓰지 않는다. 많이 오염된 종이를 써야 종이를 세척한 후 오염수가 배출될 텐데, 그런 종이를 쓰지 않으니 폐수가 발생하지 않는다. 폐수 발생 신고 절차가 있다는 것 자체를 우리는 알지 못했다.

그런데 법은 모든 물은 수도꼭지에서 나오면 오수가 되고, 이 물이 어떻게 처리되는지 서류로 정리되어 행정 주무 관청의 허가를 받도록 돼 있었다. 회사의 명운이 걸린 '조업정지' 행정 명령을 받고서야 그것을 알았다.

결국 우리 회사는 조업정지 15일을 받았고, 15일 이내에 모든 것을 갖춰 놓지 않으면 사업을 할 수 없는 상황에 처하게 되었다. 15일씩이나 거래처에 납품을 하지 못하면 거래처로부터 신용을 잃게 되고, 계약 해지의 위기에 몰릴 상황이었다. 사방팔방 뛰어다니며 애쓴 결과, 3일 만에 행정 서식을 갖추어 생산을 해도 좋다는 허가를 받았다. 그런데 우리를 고발한 업체는 어떻게 3일 만에 생산 재개가 가능하냐면서 이번에는 청와대, 언론기관, 검찰 등에 진정서를 다시 제출하였다.

그들은 우리 회사를 봐주는 뒷배가 있다고 확신하고 있었다. 함께 협회도 만들고 펄프몰드 확대를 위해 협력하는 자리에서, 내가 별 뜻 없이 아는 지인이 환경부에 있다고 말한 적이 있었다. 그 사람이 우리 회사의 불법 행위를 묵인하기 때문이며, 실제로 조사하면 분명히 잘못이 드러나 처벌을 받을 것이라고 확신했던 모양이다. 한때 목적이 같아 동지로 여기다가 서로 경쟁하는 입장이 되자 우리 회사를 음해하는 행태를 보고 마음이 씁쓸했다. 하지만 비즈니스 세계에서 이런 일들은 비일비재하다.

결국 우리 회사에 통합, 사과도 받아내

결국 두 번째 고발도 아무 혐의 없이 끝났다. 화가 많이 나고 속이 상했다. 사정이 어찌 되었건 폐수 발생 신고는 해야 할 일이었다. 주변에서는 무고죄로 고발하라고 말했으나, 나는 끝내 그들을 고발하지 않았다. 누군가를 고발하는 행위는 그와의 관계를 완전히 끝내겠다는 의지의 표현이다.

두 번이나 억울하게 고발당한 나는 과연 고발을 해야 할까? 고발해서 내가 얻는 것은 무엇인가? 그동안 억울하게 시달린 것에 대한 감정적 보상인가? 그런 분풀이가 크리스천으로서 합당한가? 나는 지금까지 돈 문제나 회사에 손해를 입힌 일 등으로 누구를 고발한 적이 없다. 그건 내가 살면서 지켜 온 원칙이다.

나는 그들을 고발하지 않기로 했다. 내가 손해 보는 쪽을 선택하더라도 그건 손해로 남지 않는다. 하나님은 그것을 그냥 넘기시지 않는다. 사람의 선의와 악의를 보시는 하나님께서는 잘 판단해서 계산하신다. 당장 내가 손해 본다고 해서 그것이 영원한 손해는 아니다. 하나님을 믿으며 사업하는 사람은 그것을 잘 기억해야 한다.

십수 년이 지난 후 고발의 끝은 아이러니했다. 나를 고발했던 두 회사는 그 후로도 계속 고전을 면치 못했고, 회사 주인이 여러 번 바뀌다가 최종적으로는 풍년그린텍의 품에 안겼다. 뒤늦게 나는 그들로부터 사과를 받았다. 하나님의 계산법은 사람의 생각과는 다르다. 그들 눈에 작은 회사라 우습게 보였던 우리 회사는 원칙을 지키며 착실하게 실력을 쌓아 온 결과 업계 1위에 올라섰고, 그들의 공장은 남아 있지만 주인은 풍년그린텍으로 바뀌어 있었다.

6

꿈꾸는 자에게
미래는 열려 있다

사업에서의 자신감과 지혜

미국의 한 대형 완충재 회사로부터 조인트 벤처를 하자는 제안을 받은 적이 있다. 그 회사는 세계적인 기업에 완충재를 납품하고 있어서, 우리가 국내 시장에서 눈을 돌려 세계로 뻗어나가는 것을 고민하는 시점에 좋은 기회였다. 2차례 미팅을 가졌는데, 미팅 시작 전부터 모든 대화를 비밀로 한다는 약정서까지 쓰고 회의가 이루어졌다. 첫 미팅 때는 우리 회사를 살펴보는 것이 주 목적이었고, 두 번째 미팅에서는 사업 제안이 들어왔다.

사업 확장을 생각하면 손을 잡아야 하지만 그만큼 독립성 부분에서 제한을 받게 되는 등 많은 어려움이 예상돼 거절했다. 예전 삼성이 그린컴퓨터를 판매하면서 제안을 했을 때 투자 능력에 한계가 있고, 대기업의 하청업체가 되었을 때의 애로사항 때문에 포기한 것과 비슷한 상황이다.

아마 무리하게 투자하고 사세 확장에 치중했다면 좀 더 빨리 성장했을지도 모른다. 하지만 그때의 선택을 후회하거나 아쉬워하지 않는다. 지금은 우리 상품을 만들기 때문에 그 어느 누구에게도 구애받지 않고 우리만의 사업을 하고 있다. 제품 생산과 판매에 자신감이 붙은 데다가 국내 경기나 환율 등에 크게 좌우되지 않는 사업의 특성상 안정적으로 사업을 끌어가고 있다.

꿈을 향해 쉬지 않고 걷는 사람

나는 신앙인으로서 하나님이 주시면 할 수 있고, 안 주시면 내가 무슨 수를 어떻게 하더라도 아무 소용이 없다는 믿음이 있다. 그래서 무언가 내가 계획한 대로 꼭 이루어져야 한다는 생각은 없다. 다만 나는 꿈을 꾸며 그 꿈을 향해 착실하게 나아갈 뿐이다.

우리 회사 김제 공장이 화재로 전소되는 등 전혀 예기치 못한 일이 일어났을 때도 하나님이 새로운 것을 주시기 위한 기회라고 생각했다. 40년 이상을 사업하면서 어려운 일이 어디 한두 가지였을까? 하지만 도대체 나에게 왜 이런 일이 생길까 하는 원망을 한 번도 해 본 적이 없다. 나를 일으킨 것은 꿈을 꾸고 그 꿈을 향해 한 걸음씩 나아가는 것이다. 그것이 기쁨이다. 그래서 나에게 온 시련은 오로지 시련으로만 끝나지 않는다. 꿈이 있는 사람에게 시련은 새로운 도전이다. 그런 점에서 나는 행운아이고 실패에도 지치지 않았다. 늘 꿈이 있었고, 꿈을 향해 걸었기 때문이다.

나는 성취 가능한 목표를 세운 다음, 그곳을 향해 주저하지 않고 흔들림 없이 뚜벅뚜벅 나아갔다. 그리고 그 목표를 이룰 수 있도록 기도했다. 언제나 목표를 생각하고, 그것이 이루어지도록 현실적이며 구체적인 기도 제목을 가지고 기도했다. 그 간절함으로 조금씩 목표를 향해 나아갔다. 새벽에 일찍 일어나 마음을 가다듬고 목표를 생각하고, 생각한 만큼 간절함으로 기도하는 것, 그것은 내가 할 수 있는 고도의 집중력이자 성실함이었다. 그것이 오늘의 나를 지탱해 온 힘이라고 생각한다.

이룰 수 없는 원대한 꿈을 꾸지 않았기에 작은 목표를 하나씩 조금씩 이루어 가면서 오늘까지 왔다. 그래서 나는 행복한 사람이라고 자평한다.

플랜트 수출로 세계 시장을 꿈꾸다

미국의 계란판 생산 회사의 규모는 엄청나다. 수억 달러를 투자해 대규모 공장을 지어 다른 주까지 공급할 정도다. 반면에 양계는 주 경계를 넘지 않고 보통은 생산 지역에서 소모된다. 계란판이 생산되어 주 경계를 넘어 운송되면 운송 비용이 만만치 않을 것이다. 대한민국 같은 작은 땅덩어리에서 사업하는 우리 회사만 보더라도 계란판 운송 비용이 한 달에 2억 원에 근접한다. 그러니까 미국 같은 넓은 땅에서는 운송비만 절감해도 상당한 비용 절감 효과를 거둘 수 있다. 계란은 거의 생필품이기 때문에 계란판 생산업체는 안정된 사업을 할 수 있다. 미국의 주마다 계란판 생산 공장을 만든다면 이것은 가능한 일이 된다.

내 꿈은 우리 회사가 가진 기술력으로 효용성을 최대한 키운 기계를 제작해 선진국으로 수출하는 것이다. 즉 누구나 쉽게 사용할 수 있는 범용 기계를 만드는 것이다. 턴키 방식 같은 까다로운 조건에 의해서만 설계, 작동, 운영, 수리되는 것이 아니라 사용자가 기계를 수입해 운영과 수리까지 모두 전적으로 해결하는 방식이다. 우리 회사는 미국을 비롯한 세계 시장으로 눈을 돌려, 기계 수출을 꿈꾸고 있다.

계란판 자체는 운송비 부담이 너무 커서 수출은 사실상 불가능하다. 하지만 기계는 어떻게 만드느냐에 따라 어느 국가든 공략 대상이 될 수 있다. 현재의 천안 공장에 연구소를 세워 해외에 수출할 수 있는 범용 기계를 만드는 구상을 하고 있다. 지금까지는 계란판 생산기업으로서 국내 시장의 강자로 성장하는 데 주력했다면, 이제는 세계 시장으로 눈을 돌려 계란판 수출이 아닌 계란판 기계 생산으로 분야를 넓혀 가고 싶다. 우리 회사는 지금까지 수십 대의 기계를 구입해 연구하고, 기술을 축적해 왔기 때문에 이 꿈을 향해 도전할 수 있는 기본 실력은 갖추고 있다. 풍년그린텍의 로고가 붙은 기계가 전 세계에서 계란판을 생산하는 상상을 해 본다. 꿈을 가진 사람에게 미래는 늘 열려 있다. 2022년, 꿈을 향해 한 번 더 도약하는 과제가 내 앞에 놓여 있다.

4부 사업을 성공으로 이끈 지혜들

5부

우직하게 지키는 원칙
흔들리지 않는 인생

1

작은 목표를 이루어 갈 때 행복하다

직원이 즐겁게 일할 수 있는 회사

 사장은 직원들이 즐겁게 일할 수 있는 회사를 만드는 것이 스스로에게 주는 중요한 과업이다. 직원들이 즐겁게 일하려면 직원들도 자신이 일하는 회사에서 무언가를 볼 수 있어야 한다. 이 회사에서 일할수록 발견하게 되는 무언가 말이다. 그것은 미래에 대한 희망일 수도 있고, 매달 받는 월급일 수도 있다. 적은 돈이라도 꼬박꼬박 적금을 붓는 직원이 있었다. 그에겐 그 적금이 희망이었을 것이다. "돈이 모아지기 시작하면 재미가 생긴다. 돈을 쓰는 재미보다 모으는 재미를 알게 되었다. 이런 작은 목표 때문에 어떤 일을 해도 재미가 있다." 그 말을 듣고 나니 그가 일하는 모습이 달라 보였다. 그는 정말 무슨 일을 하든 열심히 신나게 일했다.

반면에 매사에 불평이 많고 투덜거리는 사람은 어떤 재미도 느끼지 못하고 목표도 없다. 목표를 가진 사람은 목표를 향해 달려간다. 목표에 집중하면서, 어떤 장애도 극복하려는 의지를 가지고 행동한다. 하지만 목표가 없는 사람은 달려갈 곳이 없으니 주변을 두리번거리고 불평하느라 전진하지 못한다.

내가 말하는 목표는 거창하거나 원대한 것이 아니다. 나는 그런 목표를 세우지 않는다. 먼저 성취 가능한 목표를 세운 다음, 그곳을 향해 주저하지 않고 흔들림 없이 뚜벅뚜벅 나아갔다. 나는 항상 우리 직원들도 소박하지만 작은 목표를 세운 뒤 그것을 이루기 위해 조금씩 꾸준히 노력하도록 유도한다. 그들의 성취는 나의 성취요, 우리 회사의 발전을 이끌 수 있는 원동력이 된다고 생각한다.

함께 일하고, 서로 섬기며, 같이 성장해야

우리 회사도 여느 생산기업들처럼 품질관리를 하고 있다. 품질관리라는 말은 너무 거창해 보인다. 품질관리의 다른 말은 기본을 잘 지키는 것이다. 그래서 나는 모든 직원에게 기본을 잘 지키는 것이 가장 중요하다고 강조한다. 약속된 출퇴근 시간을 정확하게 지키는 것, 영업할 때 기본적인 윤리를 무시하지 않는 것, 품질관리 규정을 따르는 것 등이다. 이렇게 기본적인 것들이 잘 지켜질 때 기업은 안정되고 성장할 수 있다.

우리 회사의 경영방침은 '함께 일하고 서로 섬기며 함께 성장하는 기업'이다. 회사의 성장은 직원의 노력으로 이루어진다. 그러므로 성장하는 회사라면 직원들도 성장하고 있다는 느낌을 받아야 한다. 직장에서 일하는 사람은 하루 중 가장 많은 시간을 직장에서 보낸다. 보통은 출근해서 퇴근할 때까지 자신의 가장 많은 에너지와 열정을 직장에 쏟아붓는다. 그들은 직장에서 함께 일하면서 기업의 성공을 이끌어 내는 사람들이다. 직장에서의 인간관계나 직장 내 분위기는 서로 섬길 때, 즉 서로 존중할 때 가장 원만하고 좋다. 또 직원들이 기업과 함께 자신도 성장한다는 생각을 가져야 주인처럼, 사장처럼 일한다. 기업과 직원의 성장은 서로 분리될 수 없다. 기업과 직원은 같이 살고 같이 성장하고 같이 전진하는 관계다.

현장에서 일하는 우리 직원들 중에는 외국인이 많은데, 그들은 대부분 성실하게 일한다. 문제를 일으키거나 말썽을 피우는 이들은 거의 없다. 회사가 안정세에 들어선 지는 얼마 되지 않지만, 경영자로서 나는 국내에서 오래 같이 일한 이들에게는 무언가 해 주고 싶은 마음을 늘 갖고 있다. 외국인이지만, 그들 또한 회사에 기여하고 회사의 성장을 도모하는 데 일조한 사람들이므로 그들이 성장하도록 돕는 것 또한 회사의 역할이다. 경영자로서 그 마음을 잊지 않으려고 했다.

술 접대는 금지

어떤 조직이든 잘못된 일이 고쳐지지 않고 2~3회 반복되면 그것은 어물쩍 그 조직이 인정하는 하나의 규칙으로 자리 잡게 된다. 아주 쉬운 예를 들어 보자. 회사 직원이 거래처 부장과 저녁에 밥과 술을 먹는 데 50만 원을 썼다. 20만 원이든 50만 원이든 저녁 식사를 하고 술을 좀 먹고 사인을 한 것이다. 총무팀장이든 부사장이든 아무도 그것을 제지하지 않고 그대로 용인하면, 그 회사에선 50만 원 정도는 그렇게 써도 괜찮은 일이 된다. 그 회사에서 통용되는 규칙으로 인정되는 것이다.

나는 우리 회사 법인카드로 밖에서 술 접대를 절대로 하지 못하도록 정했다. 식사 대접을 하는 것까지는 인정하지만 술 접대는 엄격하게 금지했다. 비싼 술 접대 자체가 정상적이지 못한 방법을 동원하는 것이라고 생각하기 때문이다. 나 스스로에게 물어본다. 이런 규칙은 하나님이 기뻐하시는 일인가? 부끄럽지 않은 결정이라고 자부한다. 적어도 크리스천 기업가라면 그래야 한다. 많은 사람들이 그 정도는 괜찮다고 말해도 나는 스스로 질문을 던져 본다. 하나님이 기뻐하시는 일인가? 그렇게 수많은 문제를 제기하고 답을 찾는 과정에서 "그렇다"라는 확신이 든다면, 그다음에는 더욱 담대하게 추진해 나갈 수 있다.

알파벳과 천자문 가르치기

처음 사업을 시작하기 전 박스공장 책임자로 가서 보니 일하는 직원들의 학력이 너무 낮았다. 초등학교도 졸업하지 못한 친구들도 있었다. 영어 알파벳도 알지 못하는 친구들이 많았다. 1970년대 후반 우리나라는 다품종 소량 수출을 많이 하던 때로 우리 회사도 수출용 박스를 많이 만들었다. 수출용 박스는 모두 영문으로 인쇄를 해야 하는데, 철자가 틀리는 경우가 허다해 어려움이 많았다. 그래서 생각한 것이 직원들에게 알파벳과 천자문을 가르치는 것이었다. 직원들에게 매일 숙제를 내 주면서 가르치곤 했다. 직원들도 알파벳과 기초 한자를 배우면서 뿌듯해했다. 이후 철자가 틀리는 등의 실수가 확연히 줄어들어 회사에도 도움이 됐다. 박스공장 사장이 된 이후에도 나는 항상 기회만 있으면 더 배우라고 직원들을 독려했다. 이후 직원들 학력도 조금씩 높아졌다. 8명의 직원에겐 등록금의 절반을 지원하고 시간도 할애해 야간대학에 다니도록 했다. 누구나 많이 배우지 못한 사람은 학력 콤플렉스에서 벗어나지 못한다. 대학까지 다니면서 배우는 것이 삶에 많은 도움을 주지 못할지언정 스스로 학력에 대한 열등감에서 벗어날 수 있고, 자녀들에게도 배움에 대한 산교육을 시키는 것으로 큰 의미가 있다고 늘 직원들에게 강조했다.

박스공장을 하면서 펄프몰드를 시작했기 때문에 펄프몰드 사업에 어려움이 있어도 박스 쪽 도움으로 버텨 나갈 수 있었고, 이후 계란판이 점점 자리를 잡아 가면서 사업은 안정이 됐다. 그래서 박스공장을 분리 경영하게 됐고, 30년 동안 함께 일해 온 직원에게 박스공장 풍년팩의 대표를 맡겼다. 그는 나와 함께 일하면서 결혼도 하였고 자녀도 낳았다. 그의 아들 2명의 결혼 주례를 집례하면서 축복할 수 있었음은 큰 영광이라고 생각하며 감사할 뿐이다.

신불자에게 희망을

풍년그린텍에서 중책을 맡은 직원들 중엔 신용불량자가 여러 명 있었다. 한 직원은 큰 회사에서 경리를 하다가 그만두고 사업을 시작했으나 경영난에 부닥쳐 신불자가 됐고 또 한 직원은 장가도 안 간 채 열심히 사업을 했지만, 40대 중반에 IMF로 사업을 접으면서 신불자가 됐다. 중국 사업을 위해 단둥에 세운 '주영(主榮)' 박남수 대표도 북한 사업을 하다 모든 것을 잃은 케이스다.

나는 이런 분들이 신용을 회복하고 늦게나마 결혼을 해서 가정을 꾸리고 새로운 꿈을 향해 열심히 생활하는 모습을 보면 보람을 느낀다. 부동산 투자를 잘못해 어려움에 처한 가까운 친구에게 도움을 주고, 공무원으로 정년까지 마쳤지만 경제적으로 곤경에 빠진 친구에게 도움을 주어 회생하도록 한 일. 한때는 누가 봐도 유능한 사업주였고 많은 사람이 우러러봤던 사람이 자녀를 중국에 보냈는데, 그 자녀가 중국에서 볼모로 잡혀 있을 때 조건 없이 도움을 줘 자녀를 귀국시킨

일. 개척교회를 하시는 몇몇 목사님들에게 마중물로 동기 부여를 한 일 등은 지금 생각해도 기분이 좋고 즐거운 일이었으며, 나의 이런 모습을 지켜보신 하나님이 오늘의 나를 있게 하셨다고 굳게 믿으며 지나온 모든 시간들에 감사드린다.

임원이 회사 분위기를 이끈다

대기업에서 제지부장으로 정년을 하셨고, 정년 후 상장기업에서 임원으로 10년여 근무한 뒤 뒤늦게 나와 인연을 맺은 우리 회사 안찬규 전무님은 정말 존경스럽다. 안 전무님은 처음에는 우리 회사가 폐지를 많이 사용한다니까 우유팩을 효율적으로 사용할 수 없을까 하는 생각에서 기술 자문을 위해 대화에 나서셨다.

안 전무님은 자신이 알고 있는 노하우를 아무 조건 없이 전수해 주시고 기타 회사 업무에도 너무 성실하게 임해 주셨다. 항상 작업화에 작업복을 입고 조석으로 모든 기계를 체크하시는 모습에 감동하지 않을 수 없다. 특히 직원들에게 잘못을 지적할 때도 있지만, 주로 칭찬으로 열정을 이끌어 내는 장점이 있으시다. 나와 같은 48년생으로 70대 중반이지만 지금도 모든 업무에 열정적으로 나서 주변 젊은 직원들의 모범이 되고 있으며 건강관리도 열심히 하여 걸음걸이는 항상 젊은이를 능가한다.

사실 나는 타고난 천성인지 칭찬하는 데 매우 인색하다. 똑같은 장면을 보게 되었을 때 나는 무슨 문제가 없는지부터 먼저 살펴보는 반면, 안 전무님은 일단 칭찬으로 말을 시작한다. "아, 정말 잘했네요. 진짜 확실히 김 과장은 머리가 좋은 것 같아요." 칭찬은 직원들을 향한 격려이자 사기를 높여 주는 중요한 기술이다. 나에게 부족한 그 칭찬이라는 기술을 배우고 싶은데, 여전히 나는 서투르다.

안 전무님이 있어 우리 회사는 화기애애한 작업 분위기가 저절로 형성된다. 하나님이 이런 분을 우리 풍년그린텍에서 함께 일하게 하신 것을 나에게 허락하신 축복으로 여기며 항상 감사한 마음을 갖는다. 나는 부모들이 가족을 위해 최선을 다하면 자녀들도 바르게 성장한다고 확신하는 사람이다. 안 전무님의 가족들이 잘 입증해 주고 있다.

2

양심과 신앙을 지키며
산다는 것

가까운 사람에게 인정받아야

어떤 교회 앞을 지나가다가 "예수님을 믿으면 행복합니다"라는 문구를 보았다. 나로서는 이해할 수 없는 문장이었다. 예수님이 가르치신 대로 사는 건 결코 호락호락한 일이 아니기 때문이다. 남들 다 가는 넓은 문을 놔 두고 좁은 문으로 가는 삶을 살아야 한다. 필요 이상의 값비싼 물품을 구매하는 것은 신앙인으로서 올바른 소비가 아니라고 생각한다.

수백억 원을 가진 자산가가 1억 원을 기부하는 것보다, 폐지를 주워 생활하는 할머니가 꼬깃꼬깃 접어둔 때 묻은 1만 원을 기부하는 것이 더 귀하다고 주님은 말씀하셨다. 진정한 나눔이란 내가 쓰고 싶은 수준을 낮추고 아껴서 나누는 것이다. 적어도 신앙인이라면 그런 생각을 가져야 하지 않을까? 신앙인이라면 하나님 보시기에 부끄럽지 않게 사는 것이 중요하다. 기독교 신앙을 선택한 사람은 그것을 중요한 기준으로 삼아야 한다.

  그런 점에서 나는 가까운 사람에게 즉 가족에게 인정을 받는 것이 중요하다고 생각한다. 나와 가장 가까운 사람은 아내와 자녀들이다. 직접적으로 물어본 적은 없지만, 아내와 자녀들은 나를 향해 그런 평가를 할 것 같다. "아버지는 까다롭긴 해도 아버지처럼 사는 게 맞습니다." "아버지는 누구보다 정직하고 성실하게 사셨습니다." 아내는 나를 인정해 주는 말을 자주 해 주는 편인데, 다만 내가 너무 높은 기준을 갖고 상대방을 지적하는 점은 좀 아쉽다고 말한다. 세상에서 성공했다고 하는 이들도 가정에 문제가 많고 가정에서 인정받지 못하는 경우를 많이 보았다. 그래서 나는 가까운 사람한테 인정받는 것이 매우 중요하다고 본다. 그들이 내 속을 가장 잘 알고 내 말과 행동의 일치 여부를 가장 잘 안다고 할 수 있기 때문이다. 가까운 이들이 인정해 준다면 그는 성공한 사람일 것이다.

사는 모습도 중요하다

  나는 아내에게 소박한 결혼반지 외에 아직 반지를 해 준 적이 없다. 여자라면 누구나 손가락에 반짝이는 값비싼 보석 반지 하나쯤은 갖고 싶을 것이다. 나 역시 그걸 모르는 바는 아니다. 하지만 사람 욕심이라는 게 지금 이걸 갖고 싶어 손에 넣으면, 다음에는 그 위의 것이 갖고 싶어진다. 그래서 아내한테 말했다. "우리 이거 하나는 갖지 말고 삽시다." 보석은 사전적 의미로 '아주 단단하고 빛깔과 광택이 아름다우며 희귀한 광물'이다. 간단하고 쉽게 말하면 '비싼 돌'이라는 뜻이다. 내가 생각할 때 보석이란 건 죽어서 가져갈 수 있는 것도 아니고, 사람의 허영을 만족시켜 주는 일 외에는 달리 쓸모가 없다. 그렇게 생각하기 때문에 아내에게 반지를 선물하지 않는다. 물론 내 생각과 달리 아내는 서운할지도 모르겠다.

아내는 교회 일에 매우 성실하다. 교회 일에 빠지는 법이 없었고 교회 일에 항상 솔선수범하고 목사님도 잘 섬긴다. 아내에겐 그렇게 사는 것이 신앙이고, 바른 신앙인의 자세다. 하지만 나는 신앙에 대한 생각의 결이 아내와 좀 다르다.

나는 교회 중심이 아닌 삶 중심의 신앙이 중요하다고 생각한다. 즉 세상에서 신앙인으로서 어떤 태도를 가지고 어떤 선택을 하면서 살아가느냐가 중요하다. 말씀을 듣고 삶으로, 행동으로 살지 않으면 아무 소용이 없다. 그만큼 사는 모습은 중요하다. 하나님 보시기에 부끄럽지 않게 사는 것, 나는 늘 이 생각을 가지고 여기에 내 삶을 비추었다.

세금은 항상 정직하게 내야

1978년 회사를 창업한 이래 약 44년 동안 사업을 하면서 세금 문제는 항상 같이 가는 일상이었다. 기업을 하는 사람이라면 세금이란 항상 두려운 존재다. 하지만 대한민국 국민이라면 누구나 국방, 교육과 함께 납세의 의무가 있지 않은가. 나는 사업을 하면서 세금은 꼭 정직하게 내야 한다고 늘 생각했다. 그래서 그런지 아직까지 한 번도 세무조사를 받은 적이 없다. 기업이 작아서 조사 대상에서 제외됐는지 모르지만, 부도를 당하고 많은 적자를 냈을 때도 세금은 결코 속이지 않았기 때문에 조사 대상이 되지 않았을 것이라고 생각한다. 오히려 2번이나 모범납세자 표창을 받았다.

요즘 주변에는 세금이 너무 많다고 불만을 토로하는 사람들이 많다. 특히 내가 보기엔 경제력이 충분한 분들이 더욱 불만이 많은 것 같다. 부동산 가격이 올라 재산이 늘었다면 세금도 늘어나는 것이 당연하고, 소득이 있다면 세금은 당연히 내야 한다. 국가 경제가 커지고 있고, GDP도 올라가고 있기 때문에 세금이 많아진 것도 사실이다. 하지만 국민이라면 세금을 정직하게 내야 하고, 정직하게 세금을 냈다면 두려울 것이 없다. 나는 사회복지법인도 경영해 보았고, 저소득층을 위한 NGO 활동도 적극적으로 참여한 적이 있다. 이런 일에는 많은 재정이 필요한데, 그 재원은 어떻게 충당할 것인가. 내가 내는 세금으로 누군가에게 도움이 된다면 그것으로 만족해야 하고 국가는 거두어들인 세금을 심사숙고해서 집행하여야 한다.

가끔 이런 생각을 해 본다. 죽을 때 가져가지도 못할 돈을 더 챙기겠다고 탈세하며 편법까지 저지르면 뭐하나. 그렇게 해서 세상을 불안하게 살고, 자녀들에게 나쁜 것을 본받게 할 필요가 있을까. 특히 신앙생활을 하는 사람이라면 더욱 그렇다고 생각된다. 부정한 방법으로 취득한 돈을 하나님께 드린다면 하나님이 기뻐하실까?

하나님 그분을 의식하며 경영하라

2019년 10월, 전라도 광주에 사는 36세의 한 남자가 마트 출입문을 부수고 들어가 빵과 라면을 훔쳐 허겁지겁 먹다가 경찰에 붙잡혔다. 허리를 다쳐 일자리를 구하지 못한 채 고시텔에 누워 며칠을 굶다가 벌인 일이었다. 경찰은 "배가 고파서 그랬다. 나에겐 아무 희망이 없다"고 말하는 그 남자에게 기회를 주었다. 병원에 입원시켜 상담을 받게 하고 몸도 회복하도록 도왔으며, 그가 건강한 사회인으로 복귀할 수 있도록 대기업이 나서서 취업의 기회를 주었다. 그 남자가 빵을 훔친 것은 백번 잘못한 일이지만, 나는 그가 빵을 훔쳐 먹고서라도 살 생각을 한 것이 잘했다고 생각한다. 원칙과 소신을 지키는 것도 중요하지만, 죽을 정도가 되었다면 일단 살아야 하지 않을까?

펄프몰드 사업을 시작하고 나서 환경 문제로 지적을 받은 적이 있었다. 환경 문제는 워낙 민감한 부분이라 안타깝게도 그런 일이 벌어지면, 바로 조업정지가 떨어진다. 만약 정확하게 법이 집행되어 수개월 조업이 정지되면 우리 회사의 거래는 즉시 중단되어 돌이킬 수 없는 손실을 입게 된다. 회사로선 최대의 위기다. 이럴 때 우리 회사가 잘못한 일이니까 손 놓고 아무 일도 하지 않은 채 그대로 조업정지를 맞을 수는 없는 일이다.

한 기업을 책임지는 사장으로서는 일단 살길을 찾는 것이 가장 중요하다. 모든 가용자원을 동원해 조업정지라는 최악의 상황은 막아야 한다. 당장 빵을 훔치더라도 내가 죽지 않는 길을 선택하는 것이다. 사소한 부주의 때문에 조업정지까지 당하게 되었을 때, 그 조업정지를 막는 것은 곧 살기 위해 빵을 훔치는 것과 같다. 그렇다고 내가 살기 위해 강물을 오염시키는 독극물을 방류해서는 안 될 것이다. 나 살겠다고 많은 사람을 위험에 빠트려서는 안 되기 때문이다. 특히 크리스천 기업가로서 그것은 결코 있을 수 없는 일이다. 그래서 나쁜 편법은 쓰지 않으면서도, 최악의 상황을 막기 위해 최대한 노력하고 해명하고 재발 방지를 약속해서 정상 조업을 하루라도 빨리 앞당긴 것이다.

3

말의 소중함,
조언은 귀에 거슬리지만 보약

남의 흉을 보지 말라

요즘 가짜 뉴스가 사회적으로 큰 문제가 되고 있다. 가짜 뉴스를 믿는 사람은 뉴스의 사실 여부도 확인하지 않은 채 그 말이 사실인 양 믿고 또 옮기기까지 한다. 마음 편하게 말해도 흠이 되지 않는 자리에서 누군가 세상에 떠도는 소문을 전한 적이 있다. 나는 그 사람에게 다가가 한마디 해 주었다. "그런 이야기는 하지 마세요. 내가 직접 눈으로 본 것도 사실이 아닐 때가 너무 많습니다. 나는 그 순간만 봤지만 전후 사정을 들어보면 그게 다가 아닐 수 있으니까요. 그러니 직접 보지도 않은 이야기를 그렇게 사실처럼 소문내서는 안 됩니다."

이것은 생전에 나의 어머니가 무척 강조하셨던 부분이다. 어머니는 칭찬은 해도 절대 남의 흉은 보지 말라고 하셨다. 혹여라도 잠깐 다른 사람에 대해 험담하는 소릴 들으면 아주 크게 혼을 내셨다. 어머니 영향으로 나는 다른 사람을 험담하지 않으려고 애쓴다. 확인되지 않은 다른 사람의 이야기는 입에 올리지 않으려고 노력한다.

과거 내가 다녔던 교회 목사님이 타의에 의해 교회를 사임할 수밖에 없는 상황이 생겼다. 그 일이 마무리되기까지 교인들도 목사님도 상당한 상처를 입었다. 그 과정에서 개인적인 친분이 있음에도 불구하고 상반되는 입장에 서게 된 분들이 몇몇 있었다. 그런데 정말 말도 안 되는 소문들이 돌기 시작하자, 사람들은 사실이 아님에도 이를 철석같이 믿고 사실인 양 옮기고 다녔다. 그때 나는 결코 함부로 말하고 다니지 말라고 강하게 경고했다.

바른 소리를 하는 일은 누구에게나 어려운 일이다. 그래서 굳이 내가 나설 일이 아니라고 회피하기도 하고, 껄끄러워질 관계가 걱정스러워서 지레 포기하기도 한다. 그런데 나는 바른 소리를 해야 할 때는 거의 참지 않는다. 둘러 가지 않고 정곡을 찌르는 내 말이 듣는 쪽에서는 꽤 불쾌할 것이다. 하지만 정말 들을 귀를 가진 사람이라면 그 바른 소리를 경청하고 받아들일 것이라고 생각한다. 누구나 상대방에게 잘한다는 칭찬의 소리를 듣고자 한다. 그러나 정말 제대로 된 조언이라면 아무리 써도 새겨들어야 할 것이다. 안타깝게도 그럴 수 있는 사람이 열 명 중 한 명도 안 되는 것 같다.

뱉은 말은 반드시 책임져라

　평소에도 올바르다 싶으면 직언을 하는 편이라, 나는 스스로 나의 언행에 엄격하게 책임을 지려고 노력하는 편이다. 책임질 수 없는 말이라면 입 밖에 내지 않는 것이 내가 지키는 원칙 중 하나다. 그래서 함부로 장담하는 일은 좀처럼 하지 않는 편이다. 내가 입 밖으로 내뱉은 말은 스스로에게 올무와 같은 것이다. 반드시 지켜야 하기 때문이다. 특히 회사에서도 앞으로의 계획을 거창하게 제시하는 일은 잘 하지 않는다. 계획은 실현해야 할 꿈이다. 꿈을 이루기 위해서는 말이 필요한 것이 아니라 착실한 추진력과 실천이 필요하다.

　나는 늘 바른말과 지적이 필요하다고 생각하는데, 나 스스로가 바른말과 지적을 들을 때 잘 수용하는 편이라 그런 것 같다. 지적받은 일을 잘 기억하고, 그 지적이 나에게 도움이 되는 것이었다고 생각하기 때문에, 다른 사람들도 올바른 지적에 대해서는 나와 비슷한 태도를 취할 거라고 착각하고 있는지도 모르겠다.

　사업을 시작한 초기, 나는 풍년압력솥에 박스 납품을 했다. 한번은 새벽에 나가 납품을 하고 왔는데, 납품처 사장님이 나를 찾는다고 해서 사무실로 달려갔더니 그분이 호통을 쳤다. "젊은 사람이 그렇게 늦게 출근해서 어떻게 성공하겠어? 더 큰 기업을 운영하는 나도 일찍 나와서 일을 챙기는데, 자네처럼 작은 회사 사장은 더 부지런해야지." 다짜고짜 사장님의 호통이 이어졌지만 그 자리에서 나는 아무 말도

하지 않았다. 이미 사장님은 화가 많이 나 있었는데, 내가 사실은 일찍 와서 납품했다고 말하면 그분은 매우 민망했을 것이다. 나를 아끼는 마음에서 그렇게 이야기한다는 것을 잘 알고 있었기 때문에 기분 나쁘게 들리지도 않았다. 나는 누군가가 주변에 존경하는 사람이 있느냐고 물으면 풍년압력솥 유병헌 사장을 존경한다고 말하곤 하였다. 근면 성실하셨고, 없는 사람을 항상 배려하셨으며, 나의 부족함을 지적해 주시곤 하였기 때문이다.

존중에서 하는 진정한 조언이라면

친구 아내가 권사 임직을 하여서 축하의 뜻으로 양란 화분을 보냈다. 화분을 받은 친구는 "그 꽃집은 거래하지 않는 게 좋겠다. 너무 성의 없이 화분을 보냈다"라는 문자를 보내왔다. 화분 속이 모두 스티로폼이고 그 위에 조금 흙을 덮는 시늉만 하였다는 것이다. 하지만 양란 화분은 길쭉하고, 양란이 물로 크는 게 아니어서 대개 화분 하단은 스티로폼을 채우고 그 위만 약간의 흙으로 채운다. 그 꽃집만 그러는 게 아니라, 아주 일반적인 일이다. 다만 그 친구가 몰라서 한 이야기다. 나와 오랫동안 절친이어서 내가 그 꽃집을 계속 이용할 경우 다른 사람에게 실수할까 봐 걱정해서 하는 말이었을 것이다. 친구의 그 마음을 알기에 친구의 충고가 고마웠다. 살아가면서 이런 바른 말을 해 줄 친구가 몇이나 있을까. 이런 문자를 받으면 기분이 나쁠 수도 있다. 하지만 그렇게 서슴없이 말해 줄 수 있는 친구가 있어 오히려 고마웠다.

지적에는 그 말을 하는 사람의 의도가 배어 있기 마련이다. 상대방에 대한 존중이 있다면, 악의적인 의도가 없다면, 미워하는 마음으로 하지 않았다면 진심 어린 조언은 받아들여질 것이다. 나 역시 그런 기준으로 조언하려고 애쓰는데, 내가 그렇다는 것을 하나님이 아실 것이라고 믿고 하는 편이다.

상대방에게 무언가를 베풀면 그만큼 다시 되돌아올 것을 기대하는 게 일반적인 정서다. 가족이든, 친구든, 일로 관계하는 사람이든 그런 기대 심리가 있다. 나도 그럴 때가 종종 있다. 그때마다 내가 가진 원칙을 다시 곱씹는다. "해 준 것으로 끝내라." 내가 해 준 것으로 나의 할 일을 다했다고 생각해야지, 거기에 보상이나 보답이 없다고 불평하는 것은 옳지 않다. 왜냐하면 진짜 사랑은 받는 것이 아니라 주는 것이기 때문이다. 사랑한다면 베푼 일에 만족하고 그다음은 잊어야 한다. 그 이후는 하나님 알아 주시고 보상해 주실 것이다.

4

경찰서도 법원도 모르고 사업, 하나님의 은혜

납품 대금을 떼여도

나이 서른에 풍년그린텍을 시작해 오늘에 이르렀다. 사업을 하면서 납품 대금을 받지 못하는 등 우여곡절이 많았지만 경찰서도 법원도 모르고 살아왔다. 그렇게 살아온 것은 하나님의 특별한 보호하심과 은혜가 있었기에 가능했다. 그래서 이 사업을 하는 동안 아주 여러 번 많은 돈을 떼였다. 조금 나아질 만하면 부도를 당하고, 이런 일은 반복되었다. 지금 생각해도 왜 그렇게 관대하게 처리했는지 스스로 의아할 정도다. 처음 한두 번 부도를 당했을 때는 자금을 회수하기 위해 노력했지만, 돈은 받지도 못하면서 너무 많은 고생을 하였다. 그래서 생각을 바꾸었다. 거기에 너무 스트레스 받지 말고 그 노력과 시간을 차라리 돈을 버는 데 더 쓰자는 마음이었다. 그 결과 돈을 떼이고도 경찰이나 법원에 고소장을 낸 적이 한 번도 없다. 납품 대금을 못 준 사람들에게 돈을 벌어서 절반만이라도 갚으라는 이야기만 남겼다.

그렇게 여러 번 부도 피해를 보면서 딱 한 번 절반을 받은 일이 있다. 대의실업이라는 회사였는데, 그 회사 대표는 대우그룹에서 사장도 하셨고 〈주께 하듯 하라〉라는 자서전을 써서 세상에 많이 알려진 채의숭 회장님이셨다. 채 회장님은 대우에서 퇴직 후 플라스틱 계통의 자영업을 시작했다. 부천에 회사가 있었는데, 어느 여름 큰 홍수가 나서 공장 전체가 완전히 물에 잠기고 말았다. 결국 제작 공정에 쓰이는 모든 사출기가 폐기 처분되는 등 어려움에 처해졌고 나는 돈을 받지 못했다.

재기해서 진짜 절반 갚은 유일한 경우

그때 채 회장님을 만나 부지런히 일해 어떻게든 재기하셔서 절반만 갚아 달라고 말씀드렸다. 그 후 우리는 거래 없이 관계가 끝난 것처럼 보였다. 그런데 2년 후에 연락이 왔다. 그 자리에서 채 회장님은 정말 절반을 상환하셨다. 부실 채권이 생기면 회수가 불가능하다고 생각했기 때문에 그 절반도 감사했다. 그것이 아마 유일한 경우인 것 같다.

그로부터 20년 후 채 회장님이 전경련 회관에서 성공한 크리스천으로 특별 강연을 한다는 CBMC 중앙본부 광고를 봤다. 당시 미국 유학 중인 아들이 여름방학이라 서울에 와 있었다. 나는 좋은 강연이 있으니 친구랑 같이 와서 들으라고 권했고, 아들은 친구와 함께 강연을 들으러 왔다. 나도 이른 저녁을 먹고 강연을 들으러 갔다가 조금 일찍 오신 채 회장님을 만났다. 20년 만에 처음 보는 자리인데도 그분은 내 이름은 물론, 우리 회사 이름까지 정확하게 알고 있었다. 그 사이 채 회장님의 회사는 크게 성장해서 그룹을 이루었고 당시만 해도 3000억 원 규모의 매출을 올리고 있었다. 나보다 10년 가까이 손윗사람인데도 채 회장님은 아주 어려운 때에 절반만 갚으라는 이야기에 힘을 얻어 재기하게 되었다면서 그때를 잘 기억하고 있었고, 정말 고마웠다고 말했다.

강연이 시작되자마자 그분은 여기서 우연히 정말 고마운 분을 만났다면서 300여 명이 넘는 청중들 앞에서 나를 일으켜 세워 소개하고 박수를 보냈다. 그 자리에는 아들과 아들의 친구까지 있어서 내 위신을 좀 더 세워 주려는 배려가 있었던 것 같다. 채 회장님은 두 번째 자서전 〈하늘경영〉에 나와의 이야기를 글로 남기셨다.

용서와 인내가 가져오는 마음의 평화

펄프몰드 사업 초기 경쟁 회사 2곳으로부터 무고에 가까운 고발을 당해 회사가 곤란에 처하기도 했지만 나중에 그들을 용서했던 것은 지금 생각해도 참 잘한 일이라는 생각이 든다. 수모와 고통을 안겨 준 것이 괘씸해 무고죄로 고발할까 수없이 고민했지만 포기한 것은 그들의 심정도 이해 못하는 바가 아니었기 때문이다. 자신들은 수백억 원을 들여 공장을 가동함에도 불구하고 사업이 잘 안 되는데, 풍년그린텍은 그만한 투자도 없이 잘 굴러가는 것이 마뜩잖았을 것이다. 오죽했으면 전혀 알지도 못하면서 고발을 했을까? 그들을 용서하고 마음의 평화를 얻도록 인도하신 것도 결국 하나님의 은혜 덕분이다.

또 한 가지 기억나는 일이 있다. 회사를 운영하다가 신용불량자가 되어 버린 사람을 회사에 데려와 신용을 회복시키고 중책을 맡겼다. 물론 그의 기술과 능력에 기회를 준 것이다. 그러나 그는 그런 기대와 믿음을 저버리고 해서는 안 될 행동들을 많이 했다. 법적으로 책임을 물을까 한 달 이상 고민에 고민을 하였다. 그는 나의 주례로 결혼도 하였고 내가 축복도 하였기 때문이다. 나는 평생 누구를 고소하거나 고발하지 않았다. 나는 그 사람에게 회사에서 저지른 비리를 모두 글로 고백하고, 내가 알고 있는 비리까지 모두 사실로 기록해서 제출하면 용서하겠다고 했다. 그가 모든 것을 수용하고 용서를 빌어 법으로 문제를 해결하지 않게 됐다. 모든 문제를 법적으로 처리하지 않는 것이 옳다고 말할 수는 없지만, 용서하고 인내함으로써 나 자신이 마음의 평화를 찾을 수 있어서 좋았다.

6부

크리스천
기업가로서의
소명

1

하나님과 함께하는 기업

사업에 전력투구하며 기도하라

모든 도전이 모든 성공으로 귀결되지는 않는다. 그런 보장된 행운은 없다. 오히려 성공 가능성은 10%도 되지 않는다. 하지만 결국 도전을 멈추지 않는 사람이 이긴다. 쉽게 포기하는 사람은 성공으로부터 점점 더 멀어진다.

크리스천 기업가라고 해서 따로 성공이 보장되어 있지는 않다. 하나님은 크리스천 사업가라고 특별히 봐 주신다거나 특혜를 주시는 분이 아니다. 다만 크리스천 기업가가 조금 다른 점이 있다면 그들은 사업하면서 기도한다는 것이다. 크리스천 기업가들의 모임인 CBMC에서도 많은 이야기와 기도 제목들이 오간다. 기업가들의 기도 제목은 주로 당면한 사업 문제와 관련된 것들이 많은 편이다. 그런데 그 자리에서 사업을 비롯해 가정과 교회 생활에 관한 이야기를 나누다 보면 사업에 전적으로 매달리지 않고 교회 생활에 높은 우선순위를 두고 있는 사장님들을 종종 보게 된다. 그러면서 기도 제목으로는 사업이 잘되고 성공하게 해 달라고 부탁한다. 사업을 하는 사람이 사업에 올인하지 않으면서 성공을 바라는 것은 요행을 바라는 것과 같다. 그것은 학생이 공부를 하지 않고 시험을 잘 보게 해 달라고 기도하는 것과 비슷하다.

교회 일에 시간과 정성을 많이 쏟으면 하나님이 사업까지도 잘 봐줄 것이라고 생각하는 것 같아 그런 기도 제목을 들을 때 마음이 편치 않다. 기업을 운영하고 있다면 기업의 성공을 위해 전력투구하는 것이 맞다. 사실 사업을 한다는 것 자체가 엄청난 에너지와 시간과 노력을 요하는 일이다. 그렇게 할 때만이 성공을 꿈꿀 수 있다. 그런데도 사업을 적당히 하고는 교회 일에 발 벗고 뛰어다니면서 사업이 잘되게 해 달라고 기도하기만 한다면, 과연 하나님이 그 기도를 기쁘게 받아들이실까. 삶의 열매로 하나님께 감사드리고 영광을 돌리는 것이 크리스천 기업인의 책무라고 생각한다.

묻고 또 묻고! 하나님이 기뻐하실까

나는 사업을 하면서 늘 스스로에게 물어본다. 과연 하나님이 기뻐하시는 일인가? 수많은 문제를 제기하고 답을 찾는 과정에서 "그렇다"라는 확신이 들면 담대하게 추진해 나가되, "아니다" 쪽으로 기울면 과감히 포기한다.

나는 기업 한 곳을 경매로 인수하려는 계획을 가지고 있었다. 이 계획을 성공시키기 위해서는 다양한 루트로 정보를 얻어야 했다. 그 기업은 이미 부도 상태에 있었고, 당시 사장은 어떻게든 3자를 통해 경매에 참여해서 낙찰을 받아 많은 돈을 탕감받고 기업을 살리려고 애썼다. 하지만 기업의 신용도가 워낙 바닥이라 현실적으로 그 사장이 인수하는 것은 불가능했다. 나로서는 회사 내부 사정을 좀 더 정확하게 파악하고 보다 많은 정보를 확보할 필요가 있었다. 경매받을 때 적어내는 금액에 따라 억 단위 돈이 좌우되는 일이므로 보다 정확하고 확실한 정보가 필요했다.

그때 그 회사 실무자를 두어 번 만났다. 그 자리에서 그에게 그 회사가 안고 있는 문제를 지적하고 안정된 우리 회사가 인수했을 때의 이점을 진지하게 설명했다. 처음에 그는 일반적인 내부 정보를 일부 알려주었다. 그런데 더 많은 정보를 얻어내기 위해서는 그에게 무언가 보상을 해 주어야 했다. 그가 전해 주는 정보가 얼마나 핵심적인 것이냐에 따라 보상금 액수는 달라질 수밖에 없다.

고민과 갈등이 깊어졌다. 내가 직접 나서지 않고 회사의 다른 직원을 통해 고급 정보를 입수하면 되지 않을까? 그렇지 않다. 그것은 내가 한 일이나 마찬가지다. 또 입장을 바꿔 놓고 생각해 봤다. 만약 우리 회사 직원이 상대 회사로부터 돈을 받고 우리 회사의 정보를 넘겨 준다면, 나는 그 직원을 절대로 용납할 수가 없다. 우리 회사 직원이 밖에 나가서 그렇게 한다면 사장인 내 기분은 어떨까? 그 생각이 머릿속을 떠나지 않았다.

우리 회사 직원들은 내가 교회 장로라는 사실을 모두 알고 있다. 교회 장로라는 사람이 계획한 일을 성사시키기 위해 세상 사람들과 똑같이 편법을 동원하고 수단과 방법을 가리지 않는다면, 나는 과연 회사 직원들 앞에서 떳떳할 수 있을까? 하나님은 그런 방법을 인정하고 칭찬하실까? 고민의 결과 답은 분명해졌다. 나는 결국 그 사람을 더 만나지 않고 소신껏 하기로 결정했다.

일터가 곧 교회다

신앙의 문제에서도 기본이 중요하다. 교회 순모임이나 기독실업인회에 나가서 이야기를 나누다 보면 부부 관계는 살얼음판을 걷는 듯 위험해 보이는데, 입으로는 '하나님' 이야기만 하는 사람을 종종 만날 수 있다. 그런 모습을 보면 참으로 안타깝다. 삶 안에 신앙이 녹아 있어야 하는데, 삶은 산산이 깨어져 있으면서 말로만 거룩한 이야기들을 늘어놓기 때문이다. 기본을 지키지 못하는데 과연 신앙이 올바로 설 수 있을까?

그림을 그리는 사람은 그림 그리는 일로, 청소를 하는 사람은 청소하는 일로, 각자의 자리에서 그 일에 열심을 다한다면 그것이 곧 바른 신앙을 보여주는 삶이라고 생각한다. 내가 다니는 헬스클럽에는 인사를 참 열심히 하는 직원이 있다. 나와는 그저 인사만 주고받는 사이다. 그런데 그 사람을 눈여겨보면 작은 일 하나라도 허투루 하는 법이 없다. 그는 누가 보든 안 보든 자기 일을 정말 열심히 한다. 우리 회사에 채용하고 싶다는 생각이 절로 들 정도다. 신앙인들도 그랬으면 좋겠다. 누군가 우리가 사는 모습을 보고 신앙인임을 알아보는 것이 진짜 신앙이 아닐까 싶다.

우리가 하나님의 모든 명령을 전부 지키고 살기는 어렵다. 우리에게 주어진 숙제는 평생 그렇게 살기 위해 자신의 자리에서 자기 나름대로 부단히 노력하는 것이다. 그런 자세가 중요하다. 그래서 나는 날마다 기도하기 앞서 나 스스로에게 묻는다. "오늘 나는 잘 살았는가? 하나님 뜻에 맞게 살았는가?" 기도할 때마다 던지는 이 질문에 "그렇다"고 말하기 위해 오늘도 나를 돌아본다.

나는 일터가 곧 교회라고 생각한다. 일터에서 내리는 선택과 결정 속에, 일터에서 생활하는 모습 속에, 기업을 경영하는 방식과 방향 속에 내 신앙의 고백이 있다. 일주일에 가장 많은 시간을 보내는 이곳을 교회라 생각하며 섬기고 사랑하고 일한다. 그렇게 삶으로 신앙을 전하고 나누며 살고 싶다. 하나님을 기쁘시게 해 드리는 일이 기도고, 이웃에게 기쁨을 주고 희망을 주는 사람이 성공적인 삶을 살았다고 믿는다. 그 마음으로 나는 일터에서 신앙인으로 살아가고 싶다.

2

내 자리에서
지키는 올바름

●● 부당한 요구 거절했다 거래 중지

　거래에는 적절한 작전과 타협, 경우에 따라서는 양보와 포기가 따른다. 사업을 하는 이상 거래는 피할 수 없는 과정이다. 그 가운데 종종 갑-을 관계를 이용한 갑의 부당한 요구를 받기도 한다. 부당함과 불법을 이유로 그 요구를 거절할 경우, '거래 중지'라는 결과가 뻔히 보이기 때문에 을은 '어쩔 수 없이' 갑의 그 이상한 요구를 받아들이게 된다. 사업을 하는 크리스천 중에는 그런 갑이 없기를 간절히 바라지만, 그런 이상한 요구를 받는 을은 너무나 많을 것이다. 이럴 때 신앙을 가진 사람이라면 어떻게 해야 할까. "사업하다 보면 그런 일이 부지기수인데 어쩝니까? 그냥 적당히 들어주고 넘어가는 수밖에요." 이런 말들을 수없이 들었다. 나 역시 그런 순간을 많이 겪었다. 하지만 갑의 부당한 요구에 나는 원칙을 지키며 내 방식대로 저항했고, 그로 인해 '거래 중지'를 당했다. 그렇다면 내 사업은 망하고 내 회사는 사라져야 맞다. 하지만 하나님께서는 사업의 현장에서 크리스천으로서 살아가려는 나의 노력을 어여삐 봐주셨다.

박스 사업을 시작한 지 얼마 되지 않았을 때의 일이다. 나는 소화기를 만드는 회사에 박스를 납품하고 있었다. 그런데 구매 담당자가 이상한 요구를 집요하게 해 왔다. 납품서에는 실제 납품가보다 올려서 단가를 적고, 거기서 발생한 차액을 자신에게 달라는 것이다. 내가 거절하면 우리 회사는 거래 중지를 당할 게 뻔했고, 그는 납품 업체를 바꿔서 계속 같은 요구를 했을 것이다.

업체가 납품하는 거래처에 술값이나 접대비를 부담시킨다든가 하는 나쁜 관행이 있는데, 나는 어쩌다 한 번은 응해 주지만 대부분 거절했다. 그래서 거래가 끊어지는 경우도 종종 있었다. 그래도 이번처럼 대놓고 자기 잇속을 챙기려고 덤벼드는 일은 그대로 넘어가서는 안 된다는 생각이 들었다. 우리 회사 직원이 그 사람처럼 행동했다면 아마 나는 그 직원을 가만두지 않았을 것이다. 나는 소화기 회사 사장에게 직접 편지를 보냈다. 그간의 일들을 대략 적은 후 사장님이 회사 일을 잘 살펴서 이런 일들이 재발하지 않기를 바란다고 부탁했다. 내 편지를 받은 사장이 직접 전화를 걸어 왔고, 통화하던 중에 그 직원이 사장과 인척 관계인 것을 알게 되었다. 나는 스스로 그 회사와의 거래를 정리했다.

용역이든 제품이든 납품하는 업체는 이런 식의 부당한 요구를 수없이 맞닥뜨린다. 그때마다 나는 거부 의사를 밝히고 거래를 하지 않았다. 그것이 잘못된 일이라는 것을 알고 있는 이상, 크리스천 기업가라면 그대로 따라서는 안 된다고 생각했기 때문이다.

좁고 어려운 길 선택

우리 회사가 재정적으로 매우 어려운 상황에 처해 있을 때였다. 박스 공장을 하면서 펄프몰드를 시작했지만 매출은 전혀 없는 상태였다. 그런데 우리 회사가 납품하는 거래처 중 매출의 20% 이상을 차지하는 회사의 담당 직원이 어느 날 어처구니없는 요구를 해 왔다. 물건은 넣지 말고 대신 납품했다는 납품서만 달라는 것이다. 자신이 그 서류를 이용해 회사에 돈을 청구해 따로 챙기려는 것이었다. 원래는 그런 요구는 절대로 받아들이지 않는 것이 원칙인데, 그때는 회사 존폐가 달려 있을 정도로 너무 어려운 상황이어서 마음이 많이 불편했지만 그의 요구를 들어줬다.

그런데 한 달쯤 후에 그가 똑같은 요구를 다시 해 왔다. 이번에는 바로 거절했다. 매출 비중이 큰 중요한 거래처를 잃을 수도 있는 상황이었다. 그 거래처와 반드시 거래를 계속해야 그나마 회사를 유지할 수 있는 형편이었지만 나는 그 회사 사장에게 실상을 알리는 편지를 썼다. 규모가 있는 매우 큰 회사였음에도 불구하고 사장은 그 문제를 적극적으로 해결하지 않았고, 결국 이 회사와의 거래도 중단되었다.

크리스천 기업가로서 신앙과 양심을 지키며 사는 일은 결코 쉽지 않다. 그러나 모두가 자신에게 돌아올 뻔한 손해 때문에 적절히 타협하고 눈감아 준다면, 어디에서 올바름을 찾고 크리스천이라는 이름은 어디에 내놓을 것인가? 하나님을 믿는 사람이 신앙을 증거하고 믿음을 보여주어야 할 곳은 교회이기 앞서 삶의 현장이다. 크리스천 기업가라면 그 삶의 현장은 바로 거래처, 제작 과정, 직원들의 복지, 납세, 사회공헌 등이 될 것이다. 대부분의 사람들이 기업의 이익을 지키기 위해 쉽고 넓은 길을 택할 때 크리스천 기업인은 비록 좁고 어려운 길일지라도 올바른 신앙인의 길을 걸어가야 한다고 생각한다.

손해를 선택했는데 돌아온 반전

하나님께서는 나의 결단을 잘 봐주신 것 같다. 주요 거래처와의 거래 중단 이후 펼쳐진 일들이 그것을 증명해 준다. 거래처를 잃었으면 회사 사정이 더 어려워져야 하는데, 오히려 다른 몇 군데 거래처가 더 생겨서 주문이 더 늘어나는 믿어지지 않는 일이 벌어졌다. 우리와 함께 납품하던 박스 회사 여러 곳이 부도가 나면서, 우리 회사가 아예 전량을 납품하게 된 것이다. 2개 회사에서 절반의 물량만 소화하다가 전량을 납품하는 뜻밖의 상황을 맞은 것이다. 그때는 IMF 시절이라 모든 회사가 어려워서 새로운 거래처를 확보한다는 것이 매우 어려운 상황이었다. 상대 업체의 사정을 정확히 알 수도 없고 믿을 수도 없는 상태에서 덜컥 납품을 했다가 결제 대금을 못 받으면 우리 회사가 어려움을 당할 수도 있기 때문이다.

박스 제작 물량은 늘었지만, 나 역시 원재료인 판지를 구입해야 박스를 만들 수 있기 때문에 구입 자금이 필요했다. 그런데 회사 재정이 너무 어려워 원자재 구입 자금이 절대적으로 부족했다. 납품처는 늘어나는데 원자재 구입비가 부족했던 것이다. 당시엔 개인이 발행한 어음이 통용되던 시절이었다. 지금은 거의 사라진 일종의 약속어음으로, 거래처에서 나의 신용을 믿고 내가 발행한 어음을 받고 판지를 공급해 줬다. 결국 나를 믿어준 판지 회사에서 개인어음을 받고 공급해준 덕분에 나는 박스 제작을 계속할 수 있었다.

하나님의 질서는 세상과 다르다

없는 살림에는 돈이 조금만 들어와도 활기가 도는 법. 박스 매출이 조금 늘자 자금이 돌기 시작했고, 펄프몰드 역시 계란판 제작으로 선회하면서 조금씩 나아졌다. 뭔가 희미한 희망의 빛이 보이기 시작했다. 전혀 예상하지 못했던 반전이었다. 세상의 논리대로라면, 원칙을 고집하면 거래처가 끊겨 결국 회사 문을 닫게 되는 것이지만, 하나님의 질서는 원칙을 지킬 때 더 나은 길로 인도해 주신다는 것이다.

겉으로는 매우 번듯해 보이는 기업들이 추풍낙엽처럼 쓰러졌던

IMF 때 하루하루를 염려했던 풍년그린텍은 오히려 자리를 잡아 갔다. 우리 회사와 경쟁하던 박스 업체들은 부실함을 견디지 못하고 쓰러진 반면, 우리는 그들의 빈자리를 채워 가면서 매출 상승을 기록한 것이다. 게다가 어렵던 펄프 사업도 계란판 제작으로 활기를 찾기 시작했다.

내 앞에 놓인 부당함에 대해 현실을 핑계로, 또는 어쩔 수 없지 않느냐는 변명으로 굴복했더라면 어떻게 되었을까? 바른 원칙을 지킨 사람을 하나님께서는 지켜 주셨다. 그렇게 나에게는 IMF가 오히려 전화위복의 기회가 되었다. 크리스천으로서 사업할 때 최소한의 신앙적 양심을 지켰기에 하나님께서 나를 지켜 주셨다. 하나님을 모르는 사람들은 이 말을 이해하지 못할 것이다. 그러나 삶의 현장에서 크리스천으로서 진실하게 살아갈 때 하나님께서 온전하게 보호하고 지켜 주신다는 것을 나는 거래처 사장에게 보낸 두 통의 편지를 통해 고백할 수 있다.

3

가장 힘들게 쓴 편지

크리스천으로 살아가는 길

코로나19 상황에서 한국교회의 위상은 상당히 추락했다. 코로나19 집단 감염을 일으켜 뉴스의 주목을 받은 신천지, 인터콥, 영생교 등은 한국교회의 주류가 아니지만 일반 대중의 눈에는 별 구분이 되지 않는다. 그동안 한국교회가 한국 사회에 기여해 온 부분은 완전히 잊혀진 채 교회 다니는 사람들은 자신들끼리만 똘똘 뭉치는, 이기적이고 몰염치한 집단으로 각인되기까지 했다. 정말 안타까운 일이 아닐 수 없다. 이미 대형교회의 부자 세습, 분에 벗어난 교회 건축, 목회자들의 일부 성 비위 사건 등으로 교회는 한국 사회에서 비난의 대상이 되기도 했다.

크든 작든 기업을 경영하는 많은 이들이 교회에 다니고 하나님을 믿는다. 크리스천은 '주일은 쉽니다' 같은 안내문에서 볼 수 있듯 식당 등 주변에서도 아주 흔히 볼 수 있다. 그 사람들은 사업장에서 나온 이익의 일부를 교회에 헌금으로 낸다. 목회자들은 사업장을 심방할 때 으레 거기에 축복기도를 한다. 헌금을 많이 할수록 축복기도는 더 길어지기도 한다. 종종 헌금의 액수는 믿음의 분량과 같은 것으로 평가되기도 한다.

그런 모습을 볼 때 가끔 나는 마음이 편치 않았다. 과연 한국교회 지도자들은 헌금이 만들어지기까지의 과정, 즉 돈 버는 과정에는 관심이 있을까? 그 수익은 정말 올바른 과정을 통해 창출된 것인가? 물론 하나님을 믿는 사람도 잠깐 실수할 수 있다. 교회에 처음 나온 사람이나 교회 다닌 지 얼마 되지 않은 사람들은 삶의 현장에서 어떻게 크리스천으로서 살아가야 하는지 알지 못할 수도 있다. 그러나 교회에서 사역한 지 오래된 장로 등은 기업을 운영하거나 자영업을 하는 과정에서 크리스천답게 경영하며 살고 있는지 많이 고민해야 한다. 목회자들도 이들을 무조건 축복할 것이 아니라, 하는 일 속에서도 크리스천으로 임할 수 있도록 적극적으로 인도해야 할 것이다.

목사님을 정말 사랑했기에

목회자들이 성도들에게 아무리 힘들어도 원칙을 지키며 일하라고 말해 주면 좋겠다. 원칙을 지키다가 목적지에 조금 늦어지더라도 인내하는 가운데 노력하면서 반듯하게 걸어가는 기쁨을 맛보라고 강조해 주면 더욱 좋겠다. 그런데 일부 목회자들의 설교는 유명한 사람들, 세상 기준으로 성공한 사람들이 누리는 부와 지위와 권력을 대단하게 생각하고 그들의 성공에 초점을 맞추고 말씀을 전하는 경우를 접하곤 한다. 그런 말씀을 들을 때마다 나는 마음이 항상 불편했다.

  예전에 섬기던 교회에서 목사님이 큰 실수를 하였다. 그 일을 가지고 교회 리더십 간에 갈등이 생겼다. 한편에서는 목사님도 실수할 수 있으니 수면 아래로 덮고 가자고 하고, 한편에서는 사안이 너무 중대하니 그냥 넘겨서는 안 된다고 하여 서로 상반된 의견으로 다툼이 일어났다. 다투는 과정에서 격한 언어가 사용되었고, 다음에는 목사님 잘못은 없어지고 격한 언어 사용만 가지고 다투는 것을 보면서 마음이 몹시 서글펐다. 한 가지 일을 가지고도 사람마다 생각이 다르다. 이번 일도 무엇이 사랑이냐에 대한 생각이 서로 달랐다. 한쪽에서는 목사님의 잘못을 덮고 가는 것이 사랑이라고 말했지만, 다른 쪽에서는 그분을 사랑하기 때문에 사임을 권했다. 나는 잘못된 것이 수면 위로 드러나면 새로운 바른 길이 열리게 되지만, 수면 아래 묻어 두면 잘못된 것이 그대로 부패하여 일상이 되어서 바름을 찾기가 너무 어렵게 된다고 보았다. 사람들은 대개 자기의 생각이나 언행이 옳다고 생각한다. 나도 마찬가지일 것이다. 나는 그 일의 잘못을 회개하고 회개한 후에는 하나님의 용서를 받아 자유롭게 되어서 다른 사람으로부터 존경받으며 살 수 있도록 하는 것이 사랑이라고 생각한다. 목사님이 한 실수를 내 마음에서 지워야 하는데 이런 것일수록 더 지워지지 않으니 나 또한 힘든 게 사실이다. 진정한 목사님이라면 상식을 벗어난 큰 잘못이 있었고 그것이 회복시킬 수 없는 사안이라면 성도를 위하고 목사님 자신을 위해서라도 그 직을 내려놓는 것이 정답이라고 나는 믿는다.

추억이 담긴 교회를 떠나면서

교회가 많은 혼란을 겪은 후 새로운 목사님을 모시게 되었다. 새로 부임한 목사님은 외형적인 교회 성장에 온 힘을 쏟아부었다. 집회가 있을 때마다 서울의 큰 유명 교회를 열거하면서 우리 교회도 그렇게 부흥시켜 달라고 공개적으로 기도하였고, 성도들은 "아멘!"으로 화답하였지만 나는 거부감이 적지 않았다. 교회가 성장하는데 장로인 나는 왜 싫을까. 목사님의 말씀 중에 비즈니스 마인드가 너무 많이 포함되어 있었기 때문이다. 그 목사님은 건물이 크고 좋으면 성도들이 몰려온다는 생각을 하고 있었다. 새로 부임한 후 10억 원이 넘는 거금을 들여 교회를 리모델링했는데, 교회 문제로 떠났던 교인이 조금 돌아오고 교인이 조금 늘어나자 이번에는 넓은 주차장을 이용해 우리 교회 교세로는 감당하기 어려운 수백억 원을 들여 또 새로운 교회를 신축하는 계획을 세웠다. 이건 아니라는 생각을 했지만, 어느 장로도 의문만 가질 뿐 공식적으로는 반대하지 않아 결국 신축이 결정됐다.

그러다 목사님 자동차가 고장 나 새로 바꿔야 하는 상황이 생겨서 선임 장로들이 고급 세단으로 바꾸기로 결정했다는 얘기를 들었다.

그 무렵 우리 김제 공장에 화재가 발생해 김제까지 목사님이 위로차 방문하셨는데, 자동차 관련 얘기를 할까 말까 망설이다 결국 얘기를 못하고 그날 저녁 늦게까지 이메일을 써서 목사님께 내 생각을 전달했다. 요지는 자동차 급을 낮춰 구입하는 것이 목사님께 더 도움이 된다는 얘기였다. 답을 기다리다 답이 없어 일주일 후 다시 메일을 보낸 뒤에야 "지역의 더 작은 교회 목사도 더 좋은 고급 승용차를 타고 다닌다"는 나로서는 이해 못 할 답이 왔다. 목사님이 내 의견을 깊이 경청하시고 받아들이면 더욱 좋았겠지만, 그렇지 않더라도 장로인 나는 그런 생각을 말씀드리는 것이 의무이자 본분이라고 생각했다.

그 일이 있은 후 목사님과 나의 관계는 무거워지게 되었고, 거액의 비용이 들어가는 교회 신축 계획으로 내 마음은 항상 불편했다. 그 큰 금액이 전혀 준비되지 않았기 때문이었다. 그러던 중 그동안 오래 눌러 왔던 나의 생각을 글로 적어 목사님께 전달하고 의중을 직접 듣게 되었다. 나의 부족한 점 10가지와 교회가 고쳐 주었으면 하는 10가지를 말씀드렸다. 그때 목사님의 눈빛과 언어에서 내가 섬길 영적 지도자는 아님을 알고 결국 30년 동안 섬겼고, 많은 추억이 담긴 교회를 조용히 떠나게 되었다.

교회와 목회자를 상대로 일할 때 아주 기본적인 상식과 합리가 통하지 않는 경우도 적지 않다. 그럴 때 누군가는 바른 말을 해야 한다.

비즈니스 세계에서는 거래 관계가 끊어져 손해를 볼까 봐 바른 말을 못하는 경우가 종종 있다. 그런데 교회에서도 관계가 불편해지고 눈 밖에 나는 것이 두려워 바름을 알고도 침묵한다면 과연 언제 하나님 나라가 이 땅에 임할 수 있겠는가. 사랑하는 하나님, 이 땅의 무너진 곳을 보수하여 주옵소서.

어느 조직이든 건강하게 발전하려면 직언을 하는 사람이 분명히 있어야 한다. 그렇지 못한 조직은 반드시 망가지는 것이 하나님의 법칙이다. 나는 나를 아는 사람들로부터 "유이상은 누구도 하지 못하는 진심의 직언을 하는 사람, 그만큼 틀림없는 사람"이라는 소리를 듣고 싶다. 그렇게 원칙과 상식을 지키는 것이 나에게 올무가 되기도 하겠지만, 하나님 나라가 바로 서는 데 도움이 된다면 앞으로도 그렇게 살고 싶다. 지금까지도 그렇게 살려고 노력하는 모습을 보신 하나님께서 오늘의 나를 존재하게 했다고 생각하며, 눈앞의 이익을 두고도 내 자신을 지키도록 해 주신 하나님께 영광을 돌린다.

4

운전과 닮은 인생

준비와 기본이 부족하면 대가를 치른다

나는 지금도 1년에 6만 km 정도 운전을 한다. 자동차 운전은 인생의 많은 부분을 함축한다. 자동차를 타고 시동을 걸었다는 것은 그 사람에게는 가야 할 어떤 목적지가 있다는 것을 말해 준다. 시동을 건 모든 운전자는 대부분 어떻게 하면 목적지에 빨리 도착할 것인가를 생각한다. 자기 나름대로 가장 빠른 길을 선택하려 하지만, 언제나 계획대로 되지는 않는다.

가장 빠른 길이 어느 때엔 가장 먼 길이 되기도 하고, 가끔은 사고를 내거나 사고를 당하기도 한다. 마치 우리 인생이 그러하듯이 말이다. 남들보다 덜 일하고 더 가져 보려고 애쓰며 동분서주하는 사람들의 모습을 보면서 나도 예외일 수 없다는 생각을 자주 한다.

사업을 시작하고 조금 늦은 1979년 운전면허를 취득했다. 운전학원 등록하고 이틀 만에 다른 수강생이 면허시험 응시 원서를 내길래 나도 덩달아 원서를 접수했다. 그리고 아무 준비 없이 자동차를 겨우 2번 타 본 상태에서 실기시험에 합격했다. 그때 공장을 운영한다고는 했지만 자금도 부족해서 화물차 한 대도 없던 시절이었다.

그러다 덜컥 면허증을 받고 보니 자동차가 너무 사고 싶어서 2.5톤 중고 화물차 한 대를 구입했다. 조심스럽게 운전을 한다고 했는데, 어느 날 시골길을 가다가 좁은 길에서 마주 오던 차와 교차하다 그만 약 3미터 아래 낭떠러지로 떨어져 50여 바늘을 꿰맸다. 2번 자동차를 타보고 면허 시험에 합격을 했다고 좋아했지만, 그 일이 큰 사고로 이어지고 말았다. 세상 모든 일에서 준비와 기본이 부족하면 그 부실함은 언젠가 드러나기 마련이고, 그 대가를 감내해야 함을 배우는 계기가 되었다.

생명까지 위협받은 자동차 강도

1980년대 후반 흰색 스텔라를 구입한 지 얼마 되지 않았을 때였다. 서울에서 친구들 모임을 하고 자정이 조금 넘은 시각에 집이 있는 경기도 안양으로 귀가 중이었다. 과천에서 인덕원을 향해 가던 중 우회전을 하려고 속도를 줄이고 천천히 돌고 있었다.

그런데 어떤 차가 갑자기 내 차를 가로막으면서 왜 음주운전으로 사고를 내고 뺑소니를 했느냐면서 다짜고짜 시비를 걸어 왔다. 나는 그때 전혀 술을 마시지도 않았을 뿐만 아니라 어떤 사고도 내지 않았었다. 무슨 일인가 싶어 차에서 내렸는데 그 사람은 몇 마디 하는 척하더니 갑자기 인도 옆 낭떠러지로 나를 밀어버리는 것이 아닌가. 나는 그 괴한과 몸싸움을 벌였는데, 어느새 그쪽 편으로 보이는 또 다른 사람이 번쩍이는 칼을 들고 나타났다. 큰 칼을 든 그 사람에게는 어떻게 할 수가 없었고, 나는 고꾸라진 채 흠씬 두들겨 맞았다. 그러더니 내 몸을 뒤져 지갑에 든 현금과 모든 소지품, 차 안에 있는 물건 등을 빼앗아 갔다.

희한한 일이었다. 그날 점심을 나는 경찰인 초등학교 동창과 했는데, 친구는 관내에서 일어난 자동차 강도 사례를 자세히 이야기했었다. 몇 시간 전에 들은 비슷한 일이 바로 나에게 벌어진 것이다. 하지만 당시엔 낮에 들었던 그 이야기는 전혀 생각나지 않았다. 강도들이 떠난 뒤, 내 꼴은 완전히 엉망이었다.

너무 많이 두들겨 맞았고, 시궁창에 빠져서 옷도 다 젖은 채로 냄새가 진동했다. 차 키는 강도들이 가져가 일단은 차를 포기하고 택시를 잡으려고 했는데, 아무도 나를 태워 주지 않았다. 내 꼴이 너무 이상했던 것이다. 그 길로 나는 낮에 만났던 경찰 친구 집에 가서 자초지종을 말하고 경찰서에 가서 신고를 했다.

지금 생각해도 아찔한 일이다. 그때 상황이 조금만 어긋났더라면 내 생사가 완전히 달라졌을지도 모른다. 사람의 귀한 생명이 한순간의 위험으로 사라질 수도 있다는 사실을 그때 배웠다.

처음이자 마지막 음주운전이 남긴 교훈

고백하자면 나는 한 번의 음주운전 경험이 있다. 1992년 12월 말, 공장 직원들 10여 명과 연말 송년회를 가졌다. 그런데 그 자리에서 직원들이 식사를 하다 말고 자신들의 요구사항 10여 가지가 적힌 종이를 내밀었다. 한 해를 잘 마무리하고 감사와 위로가 오가는 자리에서 직원들이 그런 행동을 했다는 것이 몹시도 언짢았는지 마시지 않던 소주 2잔을 들이켜고 말았다.

사실 나는 평소에 술을 거의 입에 대지 않는다. 소주 2잔에 얼굴이 조금 붉어졌지만 괜찮을 거라는 안이한 생각에 운전을 했는데, 안양 골프장 앞에서 음주단속에 걸리고 말았다. 그런데 평소에 술을 거의 마시지 않아서 그랬는지 겨우 소주 2잔을 마셨을 뿐인데 혈중알코올 농도는 0.05%가 나왔다.

젊은 전경들에게 구차하게 변명하는 것이 싫어서 나중에 문제를 해결해도 된다고 생각하고 그냥 순순히 처분을 받아들였다. 그런데 음주운전 체크는 한 번 기록이 남으면 누구도 지울 수 없다는 사실을 알게 되었고, 내가 음주를 할 가능성이 있다는 생각에 하나님께서 처음부터 세게 조치를 취하신 거라는 생각에 오히려 감사하다는 생각이 들었다.

다음 날 나는 라면 2박스를 사 들고 검문소 전경들을 찾아갔다. 그리고 공무집행을 번거롭게 해서 미안하다고 사과했다. 전경들은 술도 많이 먹지 않은 사람이 순순히 시인을 하더니 라면 2박스를 들고 나타나자 다소 놀라는 표정이었다. 사실 그때 공장이 있는 곳은 대중교통도 없어 나는 자동차가 없으면 곤란한 형편이었다. 그런데 요즘은 결코 용납될 수 없지만, 당시 전경들은 이곳에서는 문제를 삼지 않을 테니 조심해서 출퇴근만 하고 다른 곳은 가지 말라고 말해 줬다. 그때 100일 면허정지에 벌금까지 납부하면서 음주운전이 무엇인지 정확히 알게 되었다.

착한 운전 습관을 갖자

요즘도 나는 한 달이면 5000km 가까이 운전을 한다. 운전과 관련해 나에게 나쁜 습관이 하나 있다. 일단 목적지가 있어 시동을 거는 순간, 마음속으로 예상 도착 시간을 대략 가늠한다. 나는 운전을 비교적 많이 하는 편이다. 집이 있는 서울 강남에서 안산 공장, 천안 공장, 김제 공장을 수시로 방문하다 보니 늘 장거리 운전을 하게 되고, 출발할 때는 대략 몇 시쯤 도착하게 되는지 예상한다. 그렇지만 도로 사정에는 언제나 변수가 생기기 마련이다.

도착 시간을 늘 예상하고 거기서 조금 늦으면 무슨 급한 일이 아닌데도, 과속을 하게 된다. 그것이 나의 나쁜 운전 습관이다. 그러다 보니 어느 달은 과속 딱지가 5장씩이나 날아온 적도 있다. 회사 직원들은 나의 잦은 장거리 운전과 과속 습관을 걱정하며 기사를 채용하라고 성화다. 하지만 나는 건강이 허락하는 한 운전은 직접 할 생각이다.

기사 비용을 아끼고 사고 싶은 것을 절약하여 1년이면 억대의 금액을 수년간 도네이션하여 오고 있는데, 그때마다 잘한 선택이라고 생각하고, 도네이션을 할 때마다 나의 마음도 기쁘다. 과속은 항상 위험을 동반한다. 회사와 가족을 위해 과속하는 습관을 버리고 착한 운전 습관을 가져야겠다고 다짐해 본다.

5

주저앉은 사람들을 일으켜 세우는 이웃사랑

작은 손길이 결정적 도움

실패한 사람이 혼자 힘으로 일어나기란 무척 힘들다. 실패는 그 사람이 쉽게 일어나기 힘들어졌다는 뜻이기도 하다. 나 역시 2번의 큰 어려움을 겪었기 때문에 실패한 사람의 마음과 형편이 어떤 것인지 조금은 알고 있다.

실패한 사람이 일어서기 위해서는 무언가가 필요하다. 그것은 한 사람의 물질적 도움일 수도 있고, 적절한 격려의 언어일 수도 있다. 주는 편에서는 별것 아닌 도움을 주었다고 생각할지 모르지만, 도움을 받는 쪽에는 결정적 도움이 될 수 있다. 그것은 그 사람에게 미약하나마 새로운 시작이고, 아직은 멀게만 느껴지는 희망의 빛이기도 하다. 그래서 실패한 이들에게 작은 도움과 지지를 보내는 것은 매우 중요하다.

"실패는 성공의 어머니", "오늘 쓰러진 자는 내일 다시 일어설 수도 있다", "성공보다는 더 많은 실패에서 배운다" 등 유명인들이 실패에 대한 교훈을 주고 있지만, 실패한 사람들의 고통은 상상 이상이다. 주변엔 사업에 실패한 사람들이 적지 않다. 한때 사장님 소리를 듣다가 신용불량자가 되는 경우도 있다. 나도 사업하면서 실패를 경험했지만, 하나님의 은혜로 다시 일어났고 여기까지 왔다. 그래서 실패한 사람들에게 누군가의 도움이 얼마나 절실한 것인지 너무 잘 안다. 그들을 눈여겨보게 된 이유도 그 때문이다.

나와 같이 10년 이상 일하며 이제는 제자리에서 든든하게 한몫하고 있는 이들 중 몇몇은 실패를 경험해 본 이들이다. 우리 회사 공장이 있는 안산, 김제 그리고 중국 단동의 책임자들은 모두 그런 실패를 했던 사람들이다. 그들이 가진 실패의 경험은 이제 중요한 자산이 되었다.

크리스천 기업가가 줄 수 있는 선한 영향력

나는 이렇게 실패한 사람들에게 기회를 주고 그들을 일으켜 세우는 일에 보람을 느낀다. 일터가 교회라고 믿는 나로서는 그들이 변화되고 일어서고 성장하는 모습을 보면서 하나님이 말씀하신 이웃사랑이 무엇인지 새삼 깨달을 때가 한두 번이 아니다. 크리스천 기업가가 좀 더 눈을 크게 뜨고 주변을 살펴 도울 만한 이웃이 있는지 돌아봐야 하는 이유다. 뒤에서 중국 사업 이야기는 따로 하겠지만, 바닥에 있는 사람을 신뢰하고 성장시키면서 나는 믿음과 보람이 무엇인지 새록새록 실감했다. 단둥 주영삼업유한공사 책임을 맡고 있는 박 사장은 내가 "당신의 성공이 곧 나의 성공"이라고 자주 말했던 것을 기억하며 신뢰받는다는 것이 어떤 것인지 알게 되었다고 말한다. 실패한 이들을 일으켜 세우는 것은 크리스천 기업가가 줄 수 있는 선한 영향력이다.

한 사람을 살리는 일도 중요하지만, 한 사람을 통해 여러 사람을 살리는 길도 있다. 나는 오랫동안 사회복지법인 겨자씨사랑의집을 섬기고 있다. 겨자씨사랑의집 또한 어려운 상태에 있었던 나의 이웃이었다. 그런 이웃과 함께할 수 있었던 것은 크리스천 기업가가 자연스럽게 할 수 있는 일이다. 내가 그들의 후원자가 된 것은 크리스천 기업가의 이웃사랑이었다. 먼 길이었지만 그곳을 다녀오면 나는 왠지 기분이 너무 맑고 좋았으며 새 힘이 솟아났다. 거기 친구들은 지적 장애를 앓아 감사한 마음을 표현하지도 못하지만 그들의 웃는 모습이 나에겐 큰 에너지를 선사했다.

6

환난 가운데 누린 평안

새해 시무식을 앞두고 들은 라디오 뉴스

2011년 11월은 유난히 바빴다. 김제 공장에서 일이 바쁘게 돌아가고 옆의 대지 3000평에 건물 1000평 되는 공장 하나를 경매로 낙찰받아 회사를 확장하는 시기였다. 언제나 분주함과 활기가 넘쳤다. 11월에 낙찰을 받고 이듬해 1월 19일 잔금만 지불하면 법적으로 소유가 확정되는 상황이라 여러 계획을 세우던 중이었다. 우리 회사는 구정을 설날로 지켜왔기 때문에 이번 설날에는 성과급도 100% 주겠다고 미리 약속한 터였다. 회사도 직원들도 모두 즐거운 마음으로 일하던 때였다.

경락에 대한 이의 신청 기간이 지났기 때문에 잔금을 완납하지 않은 상태였지만, 경락받은 공장 안의 낡은 기계들을 모두 고철로 처분했고, 공장 안의 잔재물도 모두 치웠다. 제품이 언제나 부족한 상태였기 때문에 하루라도 빨리 공장을 가동해 생산을 확대해야 한다는 생각뿐이었다. 아직 법적으로 완전히 우리 소유가 아닌 공장이었지만, 그곳에 기숙사도 12개나 마련해 완공을 앞두고 있었다. 그렇게 꿈에 부풀어 2012년을 맞았다.

2012년 1월 1일은 주일이었고 여느 때와 똑같이 2일 새벽 6시 안산공장으로 출근을 서둘렀다. 머릿속에는 새해 시무식에서 어떤 말들을 해야 할까로 생각이 가득했다. 양재IC에서 과천 방향으로 우회전하는데 새벽부터 길이 꽉 막혀 있었다. 한 번도 막힌 적이 없는 길이라 의아했다. 게다가 오늘은 새해 첫 출근 아닌가. 잠시 후 보게 된 건 대형 교통사고 현장이었다. 자동차 여러 대가 완전히 부서져 엉켜 있었다. 사고 규모와 상태로 보건대 안타깝게도 사망사고였을 가능성이 높았다. 저 사고를 당한 이들도 새해 새 꿈을 가지고 새벽에 길을 나섰을 텐데, 어쩌다가 이런 변을 당했을까. 안타깝고 측은한 마음이 들었다.

차 안에는 늘 그랬듯 라디오 뉴스가 흘러나오고 있었다. "전라북도 김제시 오정동 계란판 공장의 화재로 공장은 전소되었고, 현재 잔불 정리 중입니다...." 안양~평촌 고가도로 위를 지나던 중 듣게 된 우리 회사 풍년그린텍 공장 화재 소식이었다. 조금 전 교통사고 현장을 목격해서 그랬는지, 그 순간 나도 모르게 마음이 차분하게 가라앉았다.

안산 공장에 도착해 보니 공장은 가동 중이었고, 책임자들은 지난밤 연락을 받고 김제 공장으로 내려가 있었다. 지난밤에 나에게 연락을 취했으나 전화가 제대로 연결되지 않았고, 사장이 알아도 당장 특별히 뾰족한 수가 없을 것 같아 연락을 도중에 포기했다고 한다. 사장인 나만 아무것도 모른 채 그 엄청난 상황 속에서 잠을 자고 있었던 것이다. 안산 직원들에게 뒷일을 부탁하고 서둘러 김제로 내려갔다. 김제에 도착한 오전 10시, 아직도 공장 위로 검은 연기가 피어오르는 가운데, 소방차 3대가 잔불 정리를 하고 있었다. 나중에 들으니, 전라북도 소방차가 모두 집결했을 정도였다고 한다. 그야말로 새해 벽두에 날아든 날벼락이었다. I빔으로 지은 1600평의 큰 건물이 엿가락처럼 휘어진 채 주저앉아 그 형상은 폐허 그 자체였다. 하지만 처참한 현장과 달리 마음은 의외로 차분해지면서 해야 할 일이 하나씩 떠올랐다.

모든 것이 타버렸다

김제 공장은 우리 회사가 M&A한 공장으로 모든 기계를 덴마크에서 턴키 베이스로 들여왔기 때문에 기계 설비에만 수백억 원이 들어갔던 공장이었다. 주인이 한 번 바뀌고 다른 분이 경영하던 것을 우리 회사가 인수했다. 그 공장은 제품 품질이 좋지 않아 어려움을 겪고 있었다. 그동안 우리 회사는 모든 기계를 우리가 직접 제작하고 수리해서 사용했기 때문에 기존의 기계를 충분히 우리 것으로 만들 수 있다는 자부심을 갖고 있었다. 그래서 인수한 공장의 길이 50미터, 높이 5미터 기계 3라인을 수리해 가동시키기 위해 무진장 애를 쓰고 있던 차였다.

김제 공장의 전소에 재산 손실은 100억 원 정도로 추산되었다. 공장 부지 6000여 평에는 그야말로 재뿐이었다. 모든 것이 타버렸다. 우리 회사가 직면했던 최대 위기였다. 내 능력이 부족하니 김제 공장은 포기하라는 하나님의 예시인가 하는 생각부터 경매로 받은 옆 공장의 잔금과 기계 처분, 구조 변경 문제 등이 휘리릭 스쳐 갔다. 또 거래처에 대한 제품 공급 걱정도 몰려왔다. 하지만 공장장의 보고를 들으면서 나의 마음은 이상할 정도로 차분해졌다.

너무 처참한 광경을 보고 나서 김제 공장은 깨끗이 접고 안산 공장에만 집중하겠다고 마음을 정했다. 다들 막막하고 허탈한 표정이었다. 원래 공개적으로 기도하는 일이 거의 없는 나였지만, 이날은 가장 먼저 해야 할 일도, 지금 당장 해야 할 일도 기도뿐이라는 사실이 자연스럽게 느껴졌다. 그래서 회사의 모든 사람들을 모아 다 같이 둘러선 채 손을 잡고 큰 소리로 함께 기도했다. 믿지 않는 직원들이 대부분이었지만, 한마음이 되어 서로의 손을 꽉 잡고 기도했다. 나의 첫마디는 감사였다. 마음에는 말로 설명할 수 없는 평안함이 차올랐고, 마음 깊은 곳에서 우러나온 기도였다.

"하나님, 저희가 할 수 없는 일을 주님께서 한 번에 불태워 주시니 감사합니다. 이 회사를 인수해 기계를 고치면 양질의 제품을 생산할 줄 알았는데, 그동안 여러 차례 자금을 투입하며 노력했으나 모두 헛수고였습니다. 하나님께서는 저희들의 실력으로는 고칠 수 없으니 저희가 가진 기술로 새 기계를 만들어 사용하라고 태워 주신 줄 알고 감사드립니다. 하나님, 추운 겨울이지만 모든 직원이 하나가 되어 속히 복구해서 지금도 제품이 부족해 어려움을 겪고 있는 양계 농가를 도울 수 있도록 도와주시옵소서. 어떻게 해야 단시간에 복구할 수 있는지 주님께서 인도해 주시옵소서."

지금 생각하면, 손을 잡고 처음 기도할 때는 김제 공장을 포기한다고 생각했는데 왜 동요 없이 속히 복구하게 해 달라고 기도했는지 알 수가 없었다. 이런 일이 없었으면 오히려 포기했을 수도 있다는 생각도 해 본다. 우리 공장은 전소되었지만, 다행히 주변의 다른 공장들은 아주 경미한 피해를 입었고, 분쟁으로 이어지지도 않았다.

모르는 사람들이 들으면 이게 무슨 소린가 싶었을 것이다. 잿더미 위에서 감사라니. 화재 이전의 상황을 보면 이 감사의 의미를 이해할 수 있을 것이다. 정말 그랬다. 그것은 하나님만이 하실 수 있는 일이었다. 우리 능력으로 정상적인 공장 가동이 어려우니 한 번에 모든 것을 불로 태우시고, 너희들이 고치고 개조한 방법으로 새로운 기계를 만들어 사용하라는 주님의 인도하심이 있었던 것이 분명했다.

우리는 할 수 없는 일을 하신 하나님

본래 김제 공장은 우리 회사보다 몇십 배 많은 자본으로 시작하였으나 결국엔 우리가 인수하게 된 것이었다. 그 회사는 초기에 많은 투자를 해 덴마크에서 턴키 베이스로 수입, 이 공장을 설립했다. 처음에는 공장 기계의 성능이 우수하였겠지만, 회사 자체가 어려워지고 주인이 바뀌면서 제대로 관리가 되지 않아 기계가 점차 망가졌다. 인수 당시, 우리 회사가 인수하면 당연히 그 기계를 우리에게 잘 맞게 수리하거나 개조해 쓸 수 있을 것으로 생각했다. 좋은 기계를 저가에 인수했으니 어떻게든 그 기계를 사용해야 했다. 하지만 그것은 우리 생각일 뿐, 그 기계는 우리한테 전혀 도움이 되지 않았다. 기계가 정상적으로 작동하지 않아 거금을 들여 몇 번의 보수를 하였지만 그래도 온전치 않아 골머리를 앓고 있던 터였다. 그렇지만 버리기에는 너무 많은 돈이 투입되고, 5미터 높이에 50미터나 되는 3라인이 보기엔 정말로 웅장한 기계였다, 즉 계륵 같은 것이었다. 그때 화재가 난 것이다. 우리 스스로는 어쩌지 못하는 애물단지를 안고 발을 동동거리고 있을 때 하나님께서 그 모든 걸 확 태워 버린 것이다. 만약 화재가 없었다면 그 기계를 가지고 지금도 고생하고 있지 않을까? 그 환난 가운데서도 평안을 주시고 한 치의 오차 없이 복구케 하신 것을 보면 모든 것이 하나님의 인도하심이 분명하며 모든 영광을 하나님께 올려드린다.

환난 중에 흘러나오는 감사들

화재는 순전히 사소한 실수로 시작된 대참사였다. 계란판을 제작하는 건조로는 온도가 상당히 높다. 불길이 단번에 치솟으면 쉽게 눈에 띄겠지만, 적재되어 있는 계란판 사이 잘 보이지 않는 부분에서 불씨가 시작되어 점점 커졌다. 한밤중에 연기를 발견한 직원은 급한 마음에 불이 잘 붙을 만한 것들을 치우기 위해 공장 가득 쌓여 있는 계란판을 움직이다가 그만 넘어뜨리고 말았다. 조그마한 실수가 화재로 이어지는 건 순식간이었다. 넘어진 계란판 사이로 산소가 갑자기 공급되자 불길은 걷잡을 수 없이 솟구쳤고, 가뜩이나 전기선도 많아 복잡하고 완제품 계란판이 많았던 공장 안에는 가스 배관도 많아서 순식간에 엄청난 화마로 변해 공장을 집어삼켰다.

그 와중에도 감사할 거리가 많았다. 바로 옆에는 다른 회사의 공장이 있었는데, 소방관들의 적극적인 저지로 불이 옮겨 붙지 않아 피해는 우리 회사만 입었다. 아마 이웃 다른 회사에도 피해가 생겼다면 법적인 소송에 휘말렸을 것이다. 심각한 재산상의 손실은 있었지만, 가장 감사한 것은 인사 사고가 없었다는 것과 주변 다른 공장에 피해를 주지 않았다는 것이다.

화재 이후 우리는 바로 현장을 손댈 수 없었다. 경찰 조사가 끝나지 않으면 무엇 하나 손대서는 안 되기 때문이다. 경찰 출신 친구는 조서를 잘 받아야 보험에서도 문제가 되지 않는다고 주의사항을 알려주었다. 혹 고의성이 없었는지 의심하는 부분이 컸다. 화재 소식이 뉴스로 전해지니 10여 곳의 보험사정인들이 보험료를 잘 받게 해 주겠다면서 여러 채널을 통해 설명을 해 주었다. 경찰 조서와 보험회사 조사를 마치고 나니 아무 일도 하지 못한 채 일주일이 금세 지나갔다.

계란판 공급에 비상이 걸린 것 또한 큰 문제였다. 양계농장은 제품을 언제 공급해 줄 거냐며 아우성이었다. 안산 공장 거래처는 전과 동일하게 제품을 공급하지만, 김제 공장 거래처는 화재로 어쩔 수 없다고 말할 수밖에 없는 처지였다. 지금도 김제 공장 거래처 양계농가들에게는 미안한 마음뿐이다.

경찰이나 보험사 문제는 우리가 생각했던 것보다 순조롭게 풀려나갔다. 특히 보험회사 보험금이 잘 처리되어 건물을 새로 짓고 공장 기계를 설치하는 데 자금 부담 없이 일사천리로 진행되었다. 환난 속에서도 설날 주겠다고 약속한 성과금은 100%를 지불했다. 안산 공장에서 우리가 기계를 직접 제작해 생산했기 때문에 그 도면을 가지고 한쪽에서는 건물을 짓고 다른 한쪽에서는 기계 부품을 여러 공장에 분산 발주하였고 매일 저녁에는 한마음으로 점검하며 복구에 힘썼다. 그해 1월, 날은 얼마나 춥고 눈은 또 어찌 그렇게 많이 내리는지. 정말 잊을 수 없는 춥고 힘든 겨울이었다.

환난 중에도 모든 직원이 일심동체가 돼 열심히 복구에 전념했다. 그래서 화재 후 불과 4개월 만에 건물 1600평을 짓고, 기계 1대를 가동시켜 생산을 시작했다. 거의 100일 조금 지나서 전소된 현장에서

잔해를 치우고 건물을 세워 기계를 가동한다는 것은 기적에 가까운 일이었다.

당시 제품이 부족하게 되자 경쟁업체들은 담합해서 가격 인상을 도모했지만, 우리는 동의하지 않았다. 나는 이익을 위해 노력은 하지만 옳지 않은 방법으로 이익을 취하는 일은 하지 않는다는 신념을 갖고 있다. 더욱이 제품도 제대로 공급하지 못해 양계농가에 피해를 주고 있는데 고객의 약점을 이용하여 어떻게 단가 인상을 할 수 있단 말인가. 우리가 가격을 인상하지 않고 열심히 복구에만 매달리자 경쟁업체들은 후일이 두려워서인지 2개월 후 다시 단가를 인하했다.

평소 쌓아둔 기술이 실력을 발휘하다

화재가 있기 전부터 여러 회사의 기계들을 분석하여 문제를 파악하고 있었고 어떤 기계가 더 효율적인지 많은 의논을 해 왔기에 의사 결정은 어렵지 않았다. 이미 안산 공장에서 여러 곳에 적용하여 보았기에 작업은 일사천리로 진행되었다. 불타 버린 건물과 기계들의 잔재를 치운 뒤 한 팀은 기계를 제작하고 한 팀은 건물을 짓고, 낮에는 열심히 일하고 저녁이면 매일 문제점을 점검했다. 불은 나서 주위가 잿더미였지만 한 사람도 불평 없이 혼연일체가 되어 1월 9일부터 시작해서 첫 제품을 생산한 5월 4일까지 4개월 만에 이 모든 일을 해낸 것은 기적에 가까운 것이었다. 1월의 혹한 추위에 시작하여 5월이 되니

날씨도 조금 따뜻해져 처음 제작한 기계 위만 건물 지붕을 덮고 건물을 지으면서 기계를 일부 가동했다. 기계 제작은 대성공이었다. 이전 기계에서는 제품이 뒤틀려 너무 많은 불량품이 있었는데 양질의 제품이 생산되니 좋다는 입소문도 나서 2차, 3차 라인을 연이어서 가동할 정도로 진짜 불난 집에 경사였다. 이러한 기계들을 다른 업체에 발주해서 제작하였다면 1년이 지나도 할 수 없었을 것이다. 그런데 우리는 4개월 만에 한 것이다. 이런 결과를 가져올 수 있었던 것은 하나님이 하셨기 때문이다. 우리의 생각과 머리로는 사실상 불가능한 일이었다. 불량품이 생산되는 기계를 태우신 분도 하나님이요, 이러한 것들을 예측하고 모든 기계 도면을 준비케 하신 분도 하나님이며, 이러한 일들이 있을 것을 예비해서 아직 풍년그린텍 소유가 되지 않은 공장에 기숙사를 예비케 하신 분도 하나님이셨음을 뒤늦게 깨닫게 되었다. 이때는 모든 양계 농가가 종이 난좌를 많이 사용하기 시작했는데, 난좌가 절대 부족한 상태에서 우리 회사가 생산하는 500만 장 정도의 난좌를 생산하지 못해 양계 농가 피해는 이만저만이 아니였다. 기숙사를 미리 준비하였기에 안산에서 많은 기술자들이 기숙하면서 합류할 수 있었다. 까다로운 보험 문제도 쉽게 결론이 나서 자금에도 숨통이 트였다. 특히 공장 전소라는 최악의 상황에서도 연말에 약속한 성과급 100%를 지급한 것에 직원들은 놀라고 감사하며 사기가 올라 있었고, 한 사람도 불만 없이 열심히 최선을 다했다. 직원들도 함께 먹고 자면서 복구에 온 힘을 모았다. 복구 작업은 2012년 일 년 내내 이루어졌지만 적어도 6개월 동안은 복구 현장에서도 가정에서도 교회에서도 나는 한 번도 언성을 높이거나 짜증을 낸 적이 없었다. 이에 김제 공장 공장장은 기이해 보였는지 "사장님은 공장이 다 타버렸는데 왜 한 번도 짜증도 내지 않고 화도 내지 않습니까? 그러니까 제가 더 불안합니다"라고 말할 정도였다. 화재가 있은 후 정말로 나의 마음은 평안했고 모든 것이 순조로웠다. 화재로 100억 원대 이상의 손실이 났는데도 겉으로 너무 태평스러워 위선이라는 사람도 있었다. 환난 중에 평안을 주신 분도 하나님이요, 모든 일을 평탄하게 이끄신 분도 하나님이셨다.

은혜로 입증된 전화위복

화재와 복구 과정에서 걱정 때문에 잠을 설쳐 본 적도 없고 몸무게가 줄지도 않았다. 나에게 왜 이런 시련이 닥쳤나 원망한 적도 없다. 혹한 속에서 복구 작업을 해야 했지만, 안전사고도 없었고 힘들다고 사직한 직원도 없었다. 무엇보다 자금 부족의 어려움이 없었다. 한참 후에야 그 비밀을 알게 되었다. 그렇게 모든 과정이 순조롭고 마음이 편안하고 무엇 하나 어려움이 없었던 것은 기도 덕분이었다. 보이지 않는 곳에서 나를 위해 기도해 준 사람이 참 많았다. 가족은 물론이고, 사회복지법인 겨자씨사랑의집의 가족들, 피치 못할 이유 때문에 헌당식에 불참하게 되어 우리 회사의 어려움을 알게 된 태국 산족 교회 식구들, 내가 섬기는 교회 식구들, 김제 현장을 2번씩이나 방문해 준 CBMC 가족들, 그리고 이 소식을 알게 된 모든 이들이 한결같이 나를 위해 지속적으로 기도해 주었고 격려해 주었다. 그 기도의 힘으로 나는 일어설 수 있었던 것이다.

화재는 말 그대로 전화위복이었다. 새로운 기계를 만들다 보니 부족한 부분은 하나하나 개선되어 기계가 점점 업그레이드되었다. 좋아진 기계는 생산성 향상과 품질 개선으로 이어졌고, 농가들은 이를 알아보고 새로운 거래처가 되었다. 당연히 매출은 크게 늘고 경쟁력은 강화되었으며 이는 곧 회사의 성장으로 이어졌다. 그것은 어느 날 갑자기 저절로 이루어진 일이 아니다. 어려움 가운데서도 일어설 수 있었던 동력은 계란판 기계에 대한 끊임 없는 연구 개발과 투자가 있었기에 가능했다. '기술개발'이라는 지난한 노력은 우리에게 엄청난 잠재력이 되어 위기를 돌파할 수 있는 힘으로 작용했다. 지금의 노력이 당장 빛이 나지 않는 것처럼 보여도 포기해서는 안 되는 이유가 바로 그것이다. 노력과 인내는 배신하지 않는 법이다.

2012년은 우리에게 혹독한 시련으로 시작되었지만, 그 시련마저도 하나님께 감사드리는 기도로 이겨냈고 모든 직원의 헌신된 땀과 노력 덕분에 일어설 수 있었다. 결국 화재의 현장은 추락의 끝이 아니라 비상의 발판이 되었다.

우리 회사는 1년 만에 큰 어려움 없이 복구를 완수했고, 더 좋은 환경에서 우수한 제품을 생산해서 매출은 오히려 50% 이상 성장했다.

이를 두고 모두가 기적이라고 말했다. 더욱 감사했던 것은 새롭게 기계를 3라인으로 구축하면서 얻은 노하우로 어떤 일도 이룰 수 있다는 자신감을 갖게 된 것이다. 그 뒤 대용량의 기계까지 만들 수 있었던 것은 큰 재산이다. 김제 공장 화재와 복구 과정에서 설명할 수 없는 이유로 내 마음은 불안하지 않고 편안했다. 그 이유를 지금도 정확히 설명하기는 어렵다. 아마 나를 사랑하는 분들의 기도 외에는 다른 이유를 찾기 어려울 것이다.

새 기계로 좋은 제품을 생산하니 제품의 품질도 좋아져 따로 영업을 하지 않아도 주문이 밀려왔고 화재 이후 많은 성장을 이루었다. 내가 마음을 쏟고 정성을 들이고 하나님 안에서 한 형제요 자매라고 생각한 그들의 기도가 있음으로 인해 나는 담담하고 편안하게 그 엄청난 사고에서 일어설 수 있었다. 그 모든 것이 내 곁에서 나를 지켜보고 계시는 하나님의 도우심이었음이 분명하다.

7부

하나님이 주신 가슴으로
사랑의 씨를 뿌리다

1
겨자씨 같은 사랑을 심다

발랑리, 그 인연의 시작

　외형적으로 고도성장을 하던 대한민국은 1997년 IMF를 당해 전 국민이 아주 큰 어려움을 겪었다. 나 자신도 자금과 기술이 부족한 상태에서 새로운 사업 펄프몰드를 시작해 놓고 어려움을 겪던 시절이었다. 차를 타고 가면서 기독교방송을 많이 듣던 때였다. 우연히 어떤 분이 정신지체 장애를 가진 친구들과 생활하는 모습이 실감나게 소개됐다. 이유는 모르겠으나 그 내용이 잊혀지지 않고 오래 마음에 남았다. 경기 북부 어디쯤 동네 이름이 발랑리라는 것만 겨우 기억에 남아 있었다.

　계속 기억에서 지워지지 않던 그곳을 찾아가 보고 싶은 마음이 들었다. 먼저 포천군청에 문의하니 발랑리가 없어 파주군청에 문의한 결과 광탄면에 있음을 알았고 며칠 후 그곳을 찾아갔다. 전화번호도 모르는 데다 그때는 내비게이션도 없던 시절이라 순전히 지도에 의지해서 가야만 했다.

  2월 말, 아직도 추위가 한창인 시기에 거기까지 가는 시골 길은 순탄치 않았다. 안산 공장에서 점심을 먹고 출발했는데, 차량 통행이 뜸해서인지 제설작업도 되지 않은 상태였고, 체인도 달지 않은 차는 결국 눈 속에 빠지고 말았다. 그렇게 출발해서 4시간 이상 고생해 겨우 그곳을 찾아갔다.

  방문했을 때 그곳 아이들은 동그란 상에 놓여 있는 양푼 하나에 밥을 비벼서 6명이 식사를 하고 있었다. 그곳에 있는 아이들은 정신지체 장애우들이라서 몸놀림도 어눌하고 언어 구사도 어려웠다. 그중 한 아이가 숟가락으로 밥을 먹다가 바닥에 흘렸는데, 같이 있던 한 여성이 그 밥을 주워 아이에게 먹이는 것이 아니라, 자기 입으로 가져가는 것을 방문을 열면서 목격하게 되었다. 그 장면은 내게 신선한 충격이었다. 요즘 엄마들은 자기 아이가 흘린 밥도 안 먹는 편인데, 정신지체 아이가 입에 넣다 흘린 침 묻은 밥을 자신이 주워 먹다니. 그 모습은 나에게 진한 감동으로 다가왔다. 그 여성이 바로 지금 겨자씨사랑의집 박미종 원장이다.

겨자씨사랑의집 초대 이사장

그렇게 감동적인 첫 만남이 인연이 되어 나는 분기에 한 번씩 그곳을 찾았다. 그러던 어느 초여름 날, 그곳을 방문했는데 그 집을 헐고 건축을 한다고 하였다. 자초지종을 들어보니, 삼성문화재단에서 어렵게 복지사업을 하는 분에게 2억 원씩 지원해 준다고 해서 건축을 시작한다는 것이다. 그때 나는 건축을 시작한 분들에게 다른 의도가 숨어 있는 것을 발견하고 그때부터 겨자씨사랑의집에 적극적으로 관여하게 되고 협조자로 나서게 되었다.

그 후 건축허가부터 여러 난제들이 수없이 많았다. 박 원장과 함께 이곳저곳 뛰어다니는, 여타 고단한 일정들이 계속되었다. 주변 땅 소유자들과의 마찰, 도로 개설 등 산적한 숙제들이 많았으나 하나씩 풀어 나갔다. 건축은 박 원장의 인척 중 건설 관계자가 있어서 이분이 적극적으로 개입해 대지가 있는 건물을 가지게 되었다. 그때 나의 오랜 지기 김판길 회장님이 큰 도움을 주셔서 모든 것을 제대로 완성할 수 있었다.

하나님의 은혜와 간섭하심을 그때 보게 되었다. 오랜 거래 관계에 있었던 김 회장님은 회사를 상장하면서 새로운 펄프몰드 사업의 시작과 IMF로 어려움에 처해 있는 나를 돕고자 약간의 주식을 주었다. 그때 우리 회사가 많이 어려울 때라 우리에게도 그 돈이 참 유용하게 쓰일 수 있었다. 그런데 내가 갖고 있는 원칙 중 하나가 '노력 없이 생긴

돈은 취하지 않는다'는 것이다. 내가 주식이나 화투, 경마 등을 하지 않는 이유다. 그래서 그분에게 나의 이런 원칙을 설명하고 겨자씨사랑의집의 지금 상황을 말씀드린 뒤 그 주식을 그곳에 쓰겠다고 하니 오히려 내 뜻을 고맙게 여겨 나에게 주려던 주식의 50%를 더해 주셨다. 그렇게 주신 주식이 상한가를 계속 치면서 겨자씨사랑의집을 사회복지법인으로 만드는 데 결정적인 역할을 하게 되었다. 많지 않은 주식으로 이러한 결과를 이루는 것을 보면서 이 또한 하나님이 인도하신 것이 분명하다는 생각이 들었다.

겨자씨사랑의집 쪽에서는 건축으로 사기를 당할 뻔한 일을 막고 좀 더 든든하게 운영할 수 있도록 단체를 법인으로 만드는 결정적 도움을 준 것을 감사하게 생각하여, 나에게 법인 초대 이사장직을 맡아 달라고 요청했다. 나 역시 회사가 어려운 상황이었지만 그들의 필요를 모른 척할 수 없어 과감하게 그들을 먼저 도왔던 것이기에 그들이 안정적으로 자리를 잡을 때까지 뒷바라지를 해야 한다는 생각에 수락했다. 그렇게 해서 나는 사회복지법인 겨자씨사랑의집 초대 이사장이 되었다.

하나님의 이끄심으로

내가 겨자씨사랑의집을 처음 알았을 때는 원생들이 6명뿐이었는데, 점점 원생들이 늘어나면서 경제적인 문제가 심각해졌다. 조그만 오두

막 같은 집에 살 때는 찾아와서 십시일반 도움을 주는 분들도 많았다. 그런데 외형적으로 건물이 번듯하게 지어지자 돕는 손길이 줄어들고 원생들은 늘어나서 운영이 점점 힘들어졌다. 이때까지만 해도 정부의 도움은 거의 없었다. 그래서 개인으로는 운영이 힘들 것으로 판단되어 어떻게든 사회복지 법인이 되어야 정부 지원도 받고 계속 영위할 수 있다는 판단이 들어 법인 설립 쪽으로 가닥을 잡은 것이다.

그런데 법인화 작업은 결코 쉽지 않았다. 우선 2년 동안 직원들의 급여와 원생들의 생활비가 미리 마련되어 있어야 법인 설립 허가 요건이 충족됐다. 지금 생각하면 내가 그렇게 발 벗고 나선 이유를 설명하기 힘들다. IMF 직후라 나도 경제적으로 힘든 데다가 지역적으로도 우리 공장과 너무 멀리 떨어져 있고 재정적으로도 큰 부담을 져야 하는 일이었으니 말이다. 그럼에도 불구하고 나는 기쁜 마음으로 그 일을 감당했다. 내가 어려운 상황에서 그 일을 감당하였기에, 어려운 풍년그린텍도 지키고 겨자씨사랑의집도 완전한 기관으로 자리잡은 것을 보면서 거기엔 하나님의 이끄심이 있었다는 것을 확신했다.

박 원장 혼자 힘으로 법인 설립을 진행하는 것은 어려운 일이었다. 오랜 후원의 인연 끝에 그 일을 돕는 것이 나의 일이 되어, 나는 성심껏 그 일을 마무리했다. 2007년 법인 설립까지 행정적인 절차를 밟느라 나는 많은 공부를 하게 되었고, 6억 원을 법인 설립 기금으로 기탁했다.

성공적으로 법인 설립을 마칠 수 있었던 것은 말할 수 없는 하나님의 은혜였고, 나에게도 겨자씨 가족에게도 커다란 기쁨이었다. 초대 이사장이라는 과분한 직책을 맡아 3년을 섬기고 내려놓은 일 역시 큰 보람이었다.

박 원장의 끝없는 장애우에 대한 섬김과 사랑이 나를 감동시켰고, 그 감동이 나를 그 먼 곳까지 이끌어 적지 않은 돈을 쓰면서도 보람과 기쁨을 갖도록 했다. 지금 겨자씨사랑의집에는 40여 명의 원생들이 한 가족처럼 행복하게 지내고 있다. 법인 설립 이후 여러 시설이 확장되어 800여 평의 대지, 500평의 건물에서 원생들이 잘 지내는 모습을 볼 때마다 한없이 뿌듯하다.

이 경험으로 미루어 나는 감히 말할 수 있다. 사회복지시설을 방문하고 협력하는 동역자가 된다면 그분들에게 도움을 주는 것이 아니라 모든 사람이 추구하는 행복을 자신의 것으로 만들 수 있다. 그리고 온전한 신체와 정신을 가지고 산다는 것이 얼마나 큰 축복인지 깨달을 수 있다. 안타까운 것은 아직도 경제적으로 넉넉한 가정에서 태어난 일부 정신지체 아동들이 집에서 제대로 돌봄을 받지 못하고 있다는 사실이다. 부모가 생각을 고쳐서 눈높이가 같은 정신지체 친구들을 만나 행복하게 지낼 수 있도록 시설에 보낼 것을 나는 추천한다. 시설에서는 그들의 눈높이에 맞는 프로그램을 운용하고 있기 때문이다.

우리는 모두 주님의 도구일 뿐

　초대 이사장이 된 후로 나는 내가 다니던 교회의 식구들과 지인들을 겨자씨사랑의집에 초대해 후원과 봉사에 힘을 실어줬다. 이렇게 오랫동안 겨자씨사랑의집에 관계하다 보니, 원생들도 나와 아내를 반갑게 맞아주었다. 후원을 늘릴 생각으로 지인들을 데리고 방문하면 원생들이 모두 나와 인사를 한다. 지인들은 그동안 내가 이 기관을 어떻게 돕고 있었는지 전혀 모르고 있다가, 원생들의 반응을 보고 알게 된다.

　겨자씨사랑의집과 처음 인연이 시작된 후로 나는 줄곧 아내와 함께 방문하는 것을 원칙으로 삼고 지켜 왔다. 매달 지속적으로 돕고 주변 이웃들에게 이곳을 알려 후원과 봉사로 이어지게 하는 것이 나의 중요한 역할이었다.

　박 원장은 아이들을 진심으로 돌보았다. 정신지체 발달장애아들이라 스스로 제어할 수 없는 힘으로 폭력을 행사하기도 했지만, 박 원장님은 그럴 때 화를 내지도 않았고 오히려 아이들을 차분하게 달래며 이끌어 갔다. 그런 모습들이 참 믿음직스러웠다. 3년 동안 초대 이사장직을 맡아 법인 설립 초기의 문제들까지 깔끔하게 정리된 후, 나는 박 원장에게 이사장 자리를 위임하고 물러났다. 지금도 이사 일을 수행하면서 인연을 이어가고 있다.

　박 원장이 고맙다는 말을 할 때마다 나는 이렇게 격려했다. "우리는 주님 안에서 동역하는 것이니 저에게 고맙다는 말은 하지 않아도 됩니다. 우리는 모두 주님의 도구일 뿐이니, 자신이 맡은 일을 열심히 하면 됩니다." 하나님께서는 여러 모양으로 내가 한 선행을 은혜로 다 갚아주셨다. 내가 한 일은 아주 작은 일이었지만, 하나님께서는 그것을 몇 배로 갚아 주셨다. 지금의 나의 삶이 그것을 증명한다고 확신한다.

7부 하나님이 주신 가슴으로 사랑의 씨를 뿌리다

The letter

"한결같은 모습으로 동역해 주셨습니다"

🌱 박미종 원장_겨자씨사랑의집

2000년대 초반, 기독교방송 라디오에 겨자씨사랑의집에 15인승 승합차가 필요하다는 사연이 방송된 적이 있습니다. 그 방송을 우연히 듣고 찾아오셨습니다. 매우 소박하고 겸손한 모습이 회장님에 대한 첫인상이었습니다. 힘내라고 위로하시면서 기도해 주셨고, 차량 구입에 보태라며 기부금을 주고 가셨습니다. 그렇게 겨자씨사랑의집을 처음 오신 이후로 매달 도움을 주셨고 장애인 가족들을 격려해 주셨습니다. 감사했던 것은 후원자가 아닌 가족의 마음으로 섬기고 도와주셨다는 것입니다. 기독실업인회, 교회, 친구들을 든든한 후원자로 연결해 주셨고, 우리 원생들의 생일도 모두 챙겨 주실 정도로 따뜻하셨습니다.

특히 저희 기관이 미인가 시설이라 갖는 고충을 해결하기 위해 다방면으로 노력해 주셨고, 행정적인 부분뿐만 아니라 여러 영역에서 건강하게 세워질 수 있도록 도와주셨습니다. 2007년 법인 설립 때는 회장님 회사가 어려운 상황이었음에도 선뜻 6억 원이라는 큰 돈을 지원해 주셨습니다. 이곳까지 먼 길을 거의 매일 다녀가실 정도로 큰 애정을 가지고 적극적으로, 물심양면으로 도와주신 것입니다. 겨자씨사랑의집 건축이 진행될 때는 밤 10시가 넘은 시간임에도 불구하고 꼼꼼하게 상황을 점검하시는 모습에 저희들 모두 감동했던 기억이 납니다.

회장님은 겉으로 드러내려고 하시는 부분이 전혀 없으시고, 늘 한결같은 모습으로 한 가족처럼 나누어 주셨습니다. 그래서 가끔 지치거나 흔들리게 될 때 회장님의 한결같은 모습을 생각하며 마음을 바로잡고 힘을 내곤 합니다.

장애인 가족들과 교제하면서 스스럼없이 다가가시는 모습, 재정적인 어려움 때문에 진행되지 못한 일은 없는지 살피는 모습, 언제나 기꺼이 돕고 필요한 부분을 나누려는 모습은 저희들에게 큰 용기를 주었습니다.

회장님은 모든 일에 자신의 이익보다는 하나님이 기뻐하시는 일인지 먼저 생각하시고, 그 일이 하나님이 기뻐하시는 일이라면 비록 손해가 되더라고 기꺼이 받아들이는 용기를 보여주셨습니다. 그런 장로님을 보면서 하나님의 중심으로 살아가는 삶이 어떤 것인지, 하늘과 땅의 경계 없이 살아가는 모습이 무엇인지 배웠습니다. 한마디로 장로님은 주님 안에서 가지고 있는 모든 것을 나누시는 분입니다.

2

태국에 예수마을 설립해 사랑 전하기

피터 강 선교사 부부와 인연

태국은 우리에게 매우 친숙한 관광대국이다. 방콕, 푸껫, 치앙마이 같은 도시는 TV에도 자주 나오고 이곳을 방문한 한국인들도 매우 많다. 관광이 아닌 다른 의미에서 태국은 나에게 매우 특별한 나라다. 그래서 태국과 관련된 뉴스가 나오면 세계 어느 곳보다 집중해서 보는 편이다. 치앙마이는 태국 북쪽에 있는 유명 관광 휴양지로 방콕에서 북쪽으로 700km 떨어져 있는데, 기온이 좋아 한국인들도 아주 선호하는 곳이다. 내가 치앙마이를 선교지로 생각하고 인연을 맺게 된 것은 평소에 내가 신뢰하고 사랑하는 피터 강 선교사 부부 덕분이다.

피터 강 부부는 한국에 있을 때 한마디로 입지전적인 인물이었다. 그들에게는 보통 사람들에게는 자연스럽게 허락되었던 부모도 학력도 부족하였다. 하지만 그들은 자신들의 노력만으로 1996년 당시 연매출 500억 원이 될 정도로 사업에 성공했다. 그들에게 황금알이 되어준 것은 노래방 칩이었다. 사업적 능력이 뛰어난 피터 강은 일찍이 대만에서 노래방 칩을 수입했고, 대한민국에 노래방 열풍이 불 때 그는 최대의 호황을 누렸다.

피터 강과는 1980년대 말 한국기독실업인회(CBMC) 청년지회에서 만났다. 피터 강은 사업을 잘해서 하나님께 쓰는 돈은 아까운 줄 모르고 헌신하는 분이었다. 자신들이 가진 3층 집을 팔아 송파에 큰 교회도 건축하고 해외 선교도 누구보다 열정적으로 했다. 1980년대 5억원이 넘는 큰돈을 들여 부산에 사회복지법인 은애모자원을 설립해 이사장으로 섬기기도 했고, 아무 조건 없이 사회에 헌납했다. 나 역시 은애모자원 이사로 참여하여 내가 낮은 곳을 볼 수 있도록 지경을 넓혀준 나의 선배이기도 하다.

하지만 어처구니없는 실수 하나가 화근이 되어 사업을 지속할 수 없는 상황이 되었다. 회사 매출이 늘어나면서 경영은 방만해졌고, 그의 회사를 노리는 작전 세력에 휘말려 결국 회사를 잃게 된 것이다. 설상가상으로 자기 집을 팔아 건립한 교회는 목사님의 어처구니없는 행동으로 갈등이 생기게 되었다. 사업으로도 신앙으로도 위기에 빠졌던 그가 선택한 것은 호주 이민이었다. 남아 있던 아내 명의의 적은 돈을 가지고 호주로 떠나고 말았다.

태국 소수 민족 사람들과 마을 만들기

피터 강의 은애모자원 섬기는 모습을 보고 있었기에 정서적으로 교감을 나눌 수 있는 사이였다. 호주에서 잘살고 있다고 생각했던 그가 어느 날 태국으로 건너가 산족을 섬기는 선교사가 되어 있었다는 걸 알게 되었다. 그리고 그는 이메일로 산족 선교를 하면서 갖는 어려움을 나누며 기도를 부탁했다.

호주 이민 후 3남매 자녀들의 공부 뒷바라지를 마친 두 사람은 자신들이 가진 마지막 돈으로 치앙마이에 가서 대지 1만여 평을 구입했다. 그리고 작은 마을을 만들어 산족들이 산에서 내려와 예수님을 믿고 살아갈 수 있는 터전을 마련했다. 1만여 평의 땅에 길을 내고 60평씩 땅을 나누어 60호가 살 수 있는 마을을 설계했고, 그곳에 산족들이 내려와 생활하면서 공부시킬 수 있도록 기숙사와 공부하는 공간도 마련했다.

우리 돈 200만 원 정도면 그 땅에 한 가족이 살 수 있는 대나무집을 지을 수 있었다. 강 선교사는 이렇게 내려온 산족들에게 땅을 무상으로 제공하고 집 건축 비용도 융자해줬다. 산에서는 농사를 짓고 살았지만, 시내 가까운 데로 내려오면 먹고 살 일거리가 필요했으므로 일거리 마련에도 힘을 보탰다.

마을의 중심인 교회를 짓다

피터 강의 사역을 좀 더 알아보고 싶어서 나는 아내와 함께 치앙마이를 방문했다. 마을을 만들고 교회를 중심으로 산족들을 모아 선교와 교육을 병행하는 사역에 대한 설명을 들으며, 이 일이 한 사람의 삶을 변화시킨다는 생각이 들었다. 피터 강은 산에서 내려오는 사람들이 집을 지을 수 있는 기본 조건들을 마련하는 일을 진행하고 있던 차에 교회를 지어야 하는데, 나에게 기독실업인회 일을 하고 있으니 혹시 기념교회를 지어 줄 사람이 있는지 알아봐 달라고 부탁했다. 나는 선뜻 그 교회를 내가 짓겠다고 말했다. 그렇게 태국에서의 교회 건축이 시작되었다.

처음 짓게 된 교회 건물은 평소 아이들을 위한 유치원 교육이 이루어져야 해서 제법 크게 지었다. 200여 명이 예배드릴 수 있는 규모로 지어져 그곳에서는 큰 교회가 되었다. 그런 식으로 교회를 짓기 시작해 5개의 교회를 지었다. 산 속에는 학교가 없어서 아이들을 가르칠 수가 없었고 학교를 가려면 산에서 내려와야 하는데, 그들에겐 돈이 없었다. 선교사들이 이 아이들을 학교에 보내는 일들을 한다. 그런 아이들이 내려와 살면서 공부할 수 있도록 기숙 교육시설도 하나 지었다. 총 6개의 교회 건물을 지은 것이다. 처음에는 1년에 하나씩 지었는데, 관리가 너무 벅차 나중에는 좀 천천히 지어졌다. 대한민국이 잠잘 때 헌신적인 서양 선교사님들이 우리를 잠에서 깨운 것처럼 그들도 잠에서 깨어 주님의 자녀가 되기를 꿈꾸면서 교회를 지은 것이었다.

그들의 변화를 통해 얻는 기쁨

평소 나는 한국에 와서 헌신한 서양 선교사들에게 많은 빚을 지고 있다고 늘 생각해 왔다. 태국에 교회를 짓는 것은 내가 그 빚을 조금이나마 갚을 기회였다. 상상해 보면 1800년대 말 1900년대 초 한국 모습은 그야말로 도와야 할 것 투성이였을 것이다. 그러나 지금 나는 피터 강 선교사가 있기에 재정만 후원하니 얼마나 편하게 선교를 하는 것일까?

치앙마이 등에는 많은 산족들이 부족을 이루어 살고 있는데, 우리가 섬기는 부족은 라후족이라는 소수 민족이며 모두 10만 명 정도에 이른다고 한다. 산족들은 보통 깊은 산속에서 30~40호가 모여 살고 있다. 물론 거기에는 학교도 없고, 그들은 태국 국민이지만 태국어도 잘 못한다. 요즘은 태양광 에너지가 보급되어 전기가 들어가는 곳이 많지만, 몇 년 전까지만 해도 전기가 없어 TV나 전등도 켤 수 없는 곳이었다.

보통 산족 마을은 규모가 작아 교회도 아주 작게 짓는데, 교회를 조금 크게 지어 라후족의 중심지로 삼아야 한다고 해서 200여 명이 예배할 수 있는 교회를 지은 것이다. 마을 이름은 베다니 예수마을로 정했다. 교회는 한 마을이 조성되는 중심이었다.
   산에서 내려온 사람들은 새로운 세계에서 새로운 것을 향해 열심히 노력하며 활기차게 생활하고 있다. 산속에서 자동차 구경도 못했던 사람이 이제는 자동차 주인이 되어 운전하는 사람들이 점점 늘어나고 있다. 지금은 중고차일지언정 20대 이상의 자동차가 베다니마을 사람의 소유가 되었다. 그런 활기찬 변화를 보면 섬기는 사람들은 더 힘이 난다. 이 마을을 2배로 키워서 태국에서는 제일 깨끗한 동네, 잘 사는 동네, 예수 잘 믿는 동네로 만들고 싶다. 특히 어느 가정에서나 찬송이 울려 퍼지는 동네가 되길 꿈꾸어 본다.

라후족 사회 중심지가 된 풍년그린텍홀

   베다니 교회는 점점 발전해 라후족의 중심지가 되어 가고 있으며 전도 집회 등 큰 행사를 할 때는 수백명이 모이는 마을 중심으로 우뚝 서게 되었다. 나는 베다니 교회 건축 후 치윗교회, 빠방마이 교회, 빠마이댕 교회, 위앙빠빠오 교회, 아이들의 기숙사 및 교실이 있는 베다니 드림홈 등을 매년 건축하는 행운을 누렸다. 모두 피터 강 선교사 부부가 있었기에 가능한 일이었고 그 일을 할 수 있어서 매우 행복했다. 코로나로 잠시 쉬고 있지만 여행이 자유로워지면 새로운 동력을 마련해 주님을 기쁘게 해 드릴 것이다.
   피터 강 선교사 부부는 산속 전역의 15개 이상 교회를 순회하면서 그들을 격려하고 그들의 필요를 채워 주는 것을 보람으로 느끼는 선교사 중의 선교사다. 베다니 교회에는 자니 롯 목사님이 있는데, 그는 태국 라후족이지만 한국에서 4년제 신학대학교를 나와 한국말을 잘한다. 그래서 한국 목사님들이 세미나 등을 진행할 때 통역을 맡고 있다. 부흥집회나 1년에 2번씩 주위의 교회 목회자 50여 명이 참석하는 수련회를 베다니 교회에서 열고 있다.

  수백 명이 넘는 집회를 하는 경우도 있는데, 식사 장소나 잠자리가 부족함을 알았다. 그래서 옆에 교회만한 건물을 새로 지어 풍년그린텍홀이라 명명했는데, 이제는 교회 행사뿐만 아니라 라후족 사회의 중심지가 되어 있다. 베다니 교회 창립 10주년 행사 때는 미얀마 라후족 라오스 라후족 교회에서도 함께 참여해 찬송경연대회를 열기도 했다. 그 모습을 본 우리는 크게 감동을 받고 기쁨을 누렸다.

산족 어린이의 후원자가 되다

  베다니 마을이 지금은 큰 동네가 되었지만 얼마 전까지만 해도 전기가 부족해서 불편한 점이 한두 가지가 아니었다. 초창기 작은 전기선으로 전기가 들어왔으나 이제는 큰 동네가 되어 가고 있는데 국가에서 전기를 증설해 주지 않아 동네에서 가전제품을 쓸 수 없고 가끔 큰 집회를 하는데 전기가 없어 고통스럽다는 이야기를 듣게 되었다. 그 소식을 접하고 도움을 주었더니 얼마 후 사진 한 장과 메시지가 왔다. "이렇게 전기가 들어왔습니다. 성도들이 너무너무 기뻐하고 있습니다. 감사합니다." 보내온 사진에는 환한 전등 아래서 모두가 함께 웃고 있는 모습이 선명했다. 웃는 사진을 보는 것만으로도 나는 행복했다.

베다니 마을에서 3시간쯤 가면 위앙빠빠오라는 마을이 있다. 그곳에서 한 라후족 부부가 산족 어린이들을 학교에 보낸다는 사실을 알았다. 그것을 안 피터 강 부부가 이곳에 20여 명이 묵을 수 있는 숙소를 지어 주었으면 하는 의견을 보내와 숙소를 짓고 예배드릴 수 있는 공간도 마련해 줬다. 그곳에 정기후원자를 모집해 얼마간의 후원금을 오랫동안 보낼 수 있음도 귀한 사역의 하나가 되었다. 이 후원은 우리 가족 모두가 참여하고 있으며 아는 지인 몇 분이 참여하고 있다. 이 마을은 식수 문제를 해결하기 위해 1km가 넘는 곳에서 물을 떠 와야 했는데, 동네 식수 문제를 해결하는 데 도움을 준 것도 모두가 기뻐한 일이었다. 나는 내가 작은 도움을 준 치앙마이를 갈 때마다 힘이 난다. 그들이 희망을 찾아 무언가 움직이고 있기 때문이다. 희망을 찾아 열심히 살아가는 산족 교인들을 보고 계시는 하나님은 얼마나 기뻐하실까?

3

NGO 굿파트너스와
스리랑카 국제관광학교

배움이 부족한 세계의 청년들을 살리는 길

2000년 초, 나는 친구 부부의 안내로 스리랑카를 여행할 기회가 있었다. 스리랑카에서 공장을 운영하고 있던 친구는 경영상 어려움이 생겨 공장을 정리해야 했고, 우리는 여행으로 그 길에 동행했다. 그때 현지 선교사인 강기종 목사님이 여행 가이드를 맡아 주셨다. 당시 콜롬보는 아직 내전의 흔적이 여실했고, 우리는 스리랑카에서 가까운 몰디브도 같이 여행하면서 아름다운 바다와 이국적인 풍경을 만끽했다.

그로부터 10년이 흐른 후, 한 독지가가 안산동산교회 김인중 목사님에게 10억 원을 기부했다. 동산고등학교를 성공적으로 이끄셨으니 배움이 부족한 다른 곳을 찾아 잘 사용해 달라며 기부했던 것이다. 교회는 우리가 예전에 서양 선교사들에게 받은 은혜를 생각해, 해외로 눈을 돌려 교육 선교 사업을 해 보자는 데 뜻을 모았다.

적당한 후원처를 찾다가 NGO를 설립해 교육사업을 하는 것으로 뜻을 모았고, NGO 굿파트너스는 그렇게 탄생했다. 그리고 스리랑카의 한 지방에 마음을 두고 일을 진행하게 되었다. 수도 콜롬보에서 버스로 10시간 거리에 있는 와딸라 지역이었다. 당시 동산교회에서는 정재준 장로가 모든 책임을 맡아 일을 진행했다. 정 장로는 내가 안산 CBMC를 창립했을 때 김인중 목사님이 유일하게 보내 주신 분으로 그 후로 계속해서 안산에서 CBMC 활동을 같이 해 왔다. 정재준 장로는 하나님 일이라면 항상 열정적으로 최선을 다하는 하나님의 종이었다.

김인중 목사님은 이때 설립한 NGO 굿파트너스가 동산교회에 국한된 선교회가 아니라 안산 전체 교회와 크리스천들이 힘을 모으는 열린 NGO가 되기를 바랐고, 나는 동산교회 교인은 아니지만 그 뜻에 동의해 이사로 참여하게 되었다. 그런데 막상 이사직을 수락하고 내부를 들여다보니, 사업의 열매가 요원해 보일 만큼 힘들고 어려운 일이었다. 그래서 10년 전 스리랑카에서 만났던 강기종 목사님에게 실질적인 조언을 받아 볼 것을 권유했다.

스리랑카에 관광호텔경영학교의 기초를 세우다

강기종 목사님은 오래전 한국의 어느 교회로부터 파송돼 스리랑카에서 사역을 하고 있었다. 그때 교회는 콜롬보 외곽 해변의 대지 1만여 평에 교회를 짓고 선교활동을 활발하게 하였으나 파송한 모교회에 어려운 일이 생겨 고초를 겪고 있었다. 그때 정재준 장로는 강기종 목사님을 찾게 되었고 많은 이야기를 나누게 되었다. 두 사람은 선교를 하면서 교육사업, 즉 스리랑카의 많은 관광자원을 활성화시킬 수 있는 관광 요원이 부족하다는 점을 알게 되었고 관광학교 설립을 추진할 것에 뜻을 모았다. 강 목사님이 넓은 대지를 내놓으면서 관광학교 꿈이 시작된 것인데, 만약 목사님에게 사심이 있었다면 이루어질 수 없었을 것이다. 이곳에 관광 인력을 양성하고 숙식 제공이 포함된 교육기관을 만들자는 목표였다. 2017년 그렇게 스리랑카 '한-스 관광호텔경영학교' 건축이 시작되고, 2018년 스리랑카 관광청 산하 관광직업전문학교가 개교하게 되었다.

이렇게 스리랑카 관광직업전문교육사업으로 탄생한 한-스 관광호텔경영학교는 스리랑카 취약계층 청년들에게 양질의 직업훈련을 제공해 그들이 온전하게 자립할 수 있도록 돕는 것을 목표로 한다. 여러 면에서 소외되어 억눌린 채 지내던 청년들에게 건강하게 성장하고 자신의 잠재력을 실현할 수 있는 기회를 제공하자는 것이다. 그렇게 역량이 향상된 청년들이 좋은 일자리를 찾고 소득이 증가하면, 점차 가정과 사회에 긍정적인 영향을 미치게 되므로, 이보다 더 좋은 교육 선교 사업은 없을 것이다.

하지만 생각만큼 학교 설립은 간단한 문제가 아니었다. 저개발 국가의 현실은 그 나라를 돕기 위해 많은 돈을 들이고 노력하지만 행정적인 절차가 한국처럼 착착 진행되는 일이 없다. 우리가 그들을 돕겠다고 나섰음에도 불구하고 사사건건 이상한 방해와 어처구니없는 요구가 들어오기 일쑤였다. 그렇게 산 넘어 산 같은 난제가 많았다. 당시 스리랑카 장원삼 대사님의 적극적인 협조와 정재준 장로의 기도 및 헌신적인 희생이 없었다면 인허가를 포함한 모든 상황은 어려웠을 것이다.

학교를 새로 설립하다 보니 경비가 자꾸만 불어났다. 처음 10억 원으로 예산을 세웠으나 부족해서 동산교회에서 3억 원을 증액해 주었다. 호텔학교이다 보니 양식요리 시스템을 갖춰야 하는 등 더 많은 돈이 필요했다. 내 소개로 시작된 일이니만큼 나도 책임을 느끼고 2억여 원을 지원하여 마무리를 하게 한 것도 나에게는 큰 보람이었다. 우연한 기회로 학교가 설립되고 지금도 그 학교가 잘 운영되고 있어서 나로서는 큰 보람을 느낀다. 처음 굿파트너스는 한 교회에 속한 기관이 아니라 안산과 시화 지역의 여러 기업들이 힘을 모아 국제적인 NGO로 성장시킬 구상 아래 세워진 기관이었다. 그래서 동산교회 교인이 아님에도 불구하고 내가 이사장을 맡아 일했는데, 그 뒤 김인중 목사님이 조기 은퇴하시고 나니 그것을 두고 곱지 않은 시선들이 느껴졌고 마음이 다소 불편한 일이 있기도 했다. 그래도 스리랑카에서 1만여 평의 땅 사용권을 얻고, 건축에 필요한 각종 인허가 과정에서 우리의 노력과 진심을 아시는 하나님께서 그 모든 과정을 성공적으로 마무리하게 해 주셨다.

  NGO 굿파트너스가 보다 영향력 있는 사회운동으로 확산되어 우리 사회의 기부문화를 확장시키는 데 일조했더라면 얼마나 좋았을까? 스리랑카의 경험을 토대로 다른 나라에 또 다른 학교를 세우고 싶었는데, 그렇게까지 진행되지 못한 부분은 많이 아쉽다. 하나님께서 나의 부족함을 아시고 나의 할 일을 여기까지로 정한 것으로 판단, 이사장직을 내려놓았다. 함께 노력하고 협력해 주신 모든 분들의 헌신으로 스리랑카에 필요한 학교가 세워지고 스리랑카 사람들의 미래를 밝히는 희망의 씨앗이 뿌려졌다는 점에서 그저 감사할 뿐이다. 스리랑카 한-스 관광호텔경영학교가 부디 스리랑카의 발전과 하나님 나라 확장에 크게 쓰임 받기를 바란다.

4

눈앞의 이익 아닌
미래를 위한 선택

●
●

"주님의 영광이 온 세상에"라는 뜻의 '주영'

    북한의 문을 두드리기 위해 중국 단둥에 만든 회사 이름이 주영삼업유한공사다. 중국 사람들도 주영(主榮: 하나님의 영광)이라는 브랜드를 기억해 주기를 바라며 상표와 상호를 주영(主榮)이라 정한 것이다. 중국 내에서 주영(主榮)이라는 상표가 돌아다니는 것만 봐도 내게는 영광이고, 내 목적은 이미 달성된 것이다. 중국에서 기독교는 인정하지 않지만, 한자를 쓰기 때문에 웬만한 사람은 주영의 의미를 바로 알게 된다. "주님의 영광이 온 세상에"라는 의미를 담아 주영이라는 브랜드로 중국에서 했던 일은 건강기능식품 제조와 판매였다.
    백두산의 중국 명칭인 장백산 아래에는 인삼밭이 많은데, 그 중국 인삼을 농축액으로 만들어, 먹기 편하게 파우치 형태로 가공하여 판매하는 일이다. 백두산 아래서 재배한 인삼을 농축한 다음, 물로 농도를 낮춰서 인삼 파우치로 가공한 뒤 '주영'이라는 브랜드로 시판한 것이다. 중국 사람들은 식습관이 우리와 달라 농축액을 잘 먹지 않는다. 인삼 농축액은 인삼의 실체가 없기 때문에 의심이 많은 중국 사람들은 이를 쉽게 인정하지 않는다. 중국 삼이 나쁜 건 아니다. 한약재는 보통 추운 데서 모질게 자라야 약효가 좋다고 알려져 있다. 우리나라에 여행 온 중국인들이 홍삼을 좋아해서 많이 구입해 가는데, 막상 중국에서 홍삼 파우치는 인기가 없었다.

김일성화위원회

처음부터 중국에서 사업을 할 생각은 아니었다. 원래는 북한에서의 사업을 구상했었다. 2000년대 초반 북한과의 직접적인 거래는 사실상 불가능했다. 북한에서의 사업은 막냇동생 내외를 통해서 시작되었다. 두 사람은 뉴욕 사는 미국 시민권자이고, 북한 선교에 대한 사명을 가지고 있었다. 성악을 전공한 제수씨는 1991년 윤이상 선생이 준비위원장으로 주도한 '범민족통일음악제'에 참여했다. 이는 남북 예술인들이 서울과 평양에서 번갈아 공연한, 분단 후 남북 간 첫 교환 공연이라는 매우 의미 있는 음악제였다.

남북 관계가 경색 국면이었기 때문에 감히 북한에 간다는 건 상상조차 할 수 없던 시절의 이야기다. 그런데 막냇동생의 아내 그레이스

조공자 씨는 평양 윤이상음악제에서 〈그리운 금강산〉을 불러 북한 고위층으로부터 열렬한 박수를 받았다. 그 일을 계기로 막냇동생 부부는 북한과 인연을 맺기 시작해 북한에 큰 행사가 있을 때 초청을 받았고, 제수씨는 북한의 무대에서 노래를 불렀으며 그 뒤에는 선교라는 더 큰 사명이 있었다.

제수씨는 서울대 음대를 수석 입학해 카네기홀에서 독창회를 가질 정도로 뛰어난 성악가였다. 그즈음 막냇동생은 뉴욕순복음교회에서 부목사로 일하면서 북한 선교에 관심이 많았다. 한편으로 동생 부부는 뉴저지에 농장을 구입해 어떤 작물을 재배해야 할지 고민하던 중이었다. 북한에는 김일성화김정일화위원회라는 큰 조직이 있는데, 위원회 대표는 장관급 인사에 해당한다. 북한에 갔을 당시 동생은 위원회 대표와 이야기를 나누면서 미국 농장에서 재배할 작물을 찾고 있다고 얘기했는데, 북한 대표가 김일성화를 재배해 보라고 권했다고 한다.

김일성화는 우리나라에서도 덴드로븀이라는 이름으로 많이 팔리는 포자 방식으로 번식하는 양란의 일종이며, 꽃을 피우기 위해서는 3년이란 긴 시간이 걸린다. 그들 입장에서는 미국 시민권자와 사업을 하는 것이 북한 주민들에게 선전 효과가 있었고, 동생은 꽃을 미국에서 판매하는 것도 좋겠다는 생각을 했다고 한다. 그들이 제안한 것은 김일성화 재배 사업이었다. 이름에서 알 수 있듯 이 꽃은 북한에서 매우 중요한 꽃이었다. 북한 교과서에서 기르는 방법을 교육할 정도다. 북한의 모든 기관에는 그 꽃이 있어야 하고, 매년 전시회뿐만 아니라 기관별로 꽃 경연대회를 하기도 한다고 한다.

 이 꽃은 상당한 기술이 있어야 재배할 수 있는데, 온도만 맞으면 꽃이 개화 상태로 몇 달씩 있기 때문에 김일성화위원회 측에서는 동생 내외에게 사업성이 좋다면서 자꾸 권유를 했다고 한다. 북한 고위층이 재배를 권한다는 이야기를 듣고 나는 좋은 기회라고 생각했다. 막냇동생 부부가 북한의 초청을 받아 북한을 오가는 일이 잦아지게 되자, 나는 동생에게 개성공단 근처에 농장을 확보할 수 있게 해 달라고 했다. 그때 한창 개성공단 사업 붐이 불 때였다. 그래서 개성공단 근처에 덴드로븀과 호접란 묘목을 길러 국내로 수입하면 남북협력사업으로 안성맞춤이라 판단한 것이다.

 듣기로는 일을 추진하는 사람이 북한에서 서열 4위라고 했다. 한참 북한과의 교류 분위기가 왕성해 개성공단 옆에 농장을 하자고 제안했는데, 북측은 자신들의 관리 편의성을 생각해서 그랬는지 농장을 평양에 설립하자고 제안했다. 그 결과 평양 양각도에 땅 4헥타르(1만 2000평)를 40년 동안 사용한다는 사용권을 얻어 미국 동생 명의로 온실 사업을 시작했다.

평양 양각도에 500평 온실 지었지만 물거품

 노무현 대통령 시절, 정부가 그나마 적극적으로 지원한다고 해 주었지만 국가보안법이 엄연히 존재했고, 법 적용은 이현령비현령이었다. 동생은 시간적으로나 경제적으로 진행하기가 어려웠고, 내가 진행하려고 하니 북측과 바로 소통할 수 없어 또 문제가 생겼다.

  방법을 찾던 중 중국 단둥에 중국 회사를 세워 북한 김일성화위원회와 합작회사를 만들고, 이 회사가 평양 양각도에 온실을 짓고 육묘를 해서 모종을 한국과 미국에 판매하는 사업 계획을 세웠다. 한국 국적을 가진 내가 직접 나설 수는 없어서 미국 시민권자인 동생 명의로 만든 회사를 중국 단둥에 두고 실질적인 경영은 내가 하면서 단둥 회사가 북한과 합자회사를 만드는 형식을 취했던 것이다. 북한 왕래가 힘들기 때문에 북쪽에서 소개한 조선족 한 사람이 북한을 왕래한다는 계획이다.

  그런 제안에 김일성화위원회도 적극적이었다. 이렇게 해서 서울 여의도 같은 평양의 양각도 맨 끝자락에 1만 2000평의 땅을 40년 조차하는 것으로 계약을 맺고 자본은 우리가 4억 원 넘게 투자하여, 양각도에서도 제일 위치가 좋은 곳에 있던 군부대도 이전시키고 그곳에 1차적으로 500평의 온실을 지었다. 군부대 이전 같은 대단한 일은 김일성화위원회 위원장의 배경이 있었기 때문에 가능한 일이었다. 2005~2006년의 일이다. 온실 유지를 위해서는 일정한 전력이 공급되어야 하는 것이 기본이다. 처음에는 온실 바로 옆에 양각도 호텔이 있어서 그곳에 들어오는 특선 전력을 쓰니까 절대로 단전은 없을 것이라고 공언했었다. 그런데 실제로는 전선에서 변압기까지 전체 시설을 우리가 도맡아야 했다. 그렇게 최상의 시설을 했음에도 불구하고 전력 공급 자체가 어려워서 꽃을 키우는 일이 불가능해졌다. 온실은 겨울에 24시간 난방을 해야 하는데, 북한의 전력 사정이 좋지 않아 전기가 공급되지 않았기 때문이다. 그랬더니 이번에는 자가발전을 해야 한다면서 또 다른 금전 요구가 이어졌다. 이런 식으로 온갖 이유를 대며 요구만 많아지고 일은 진척되지 않았다.

그 과정에서 북한을 왕래하던 조선족 직원의 거짓말과 못된 행동들이 나에게 발각됐다. 나는 누구도 믿을 수 없는 상황이 되었다. 북한 공산주의는 누구도 책임을 지지 않는 구조였다. 실제로는 온실만 지어 놓고 묘목 한번 길러보지 못하고 사업은 접었다. 금싸라기 같은 땅 40년 사용권을 얻었으니 온실이 잘되면 이를 활용해 분위기 있는 레스토랑을 만들 계획도 있었고, 선착장을 만들어 대동강에 유람선을 띄워 볼 상상도 했었다. 하지만 모든 일은 물거품이 되고 평양에서의 사업은 완전히 접는 것으로 최종 결론을 내렸다.

북한에서 선의를 가진 시도들

북한에서의 사업 구상은 화훼 사업 외에도 다양했다. 우리 농촌에서는 잡초가 자라지 못하도록 검정비닐로 멀칭을 해서 작물을 재배한다. 그런데 수확이 끝나고 나면 이 검정비닐은 폐기물이 된다. 이 비닐을 수거해 깨끗이 씻으면 재생할 수 있는데, 국내에서는 환경 문제로, 인건비가 비싸 경제성이 없지만, 이것을 북한으로 가져가서 세척 후 중국에 수출하면 사업이 된다고 판단해 폐비닐재생사업을 시작했다. 통일부 허가를 얻었고, 평양 근처의 대동강변 제철소가 있었던 송림 부두에 장소를 마련했다. 부두 선착장 5000평에 시설을 만든 뒤 중국 배를 빌려 목포신항에서 1000톤의 폐비닐을 선적했다.

그런데 문제는 생각지도 못한 곳에서 발생했다. 정해진 항구(인천항, 부산항, 묵호항)가 아닌 목포신항에서 선적한 물품은 북한으로 갈 수 없다는 것이었다. 3일 동안 선적한 화물을 다시 내릴 수도 없어서, 중국 단둥으로 행선지를 바꿔 목포신항을 출발했다. 그런데 중국 배가 단둥에 들어가기 전에 북한 남포로 입항을 해 버렸다. 이 일로 여러 기관으로 불려 다니며 조사를 받기도 했다. 예상할 수 없었던 수많은 곡절이 북한에서의 사업을 가로막았다. 배 운임만 5000만 원 이상, 포장해서 항구로 옮기는 비용이 1억원 이상 들어간 작업이었다. 막상 대동강 물에 비닐을 씻어 중국에 수출하려고 하니 이런 방식으로는 경제성이 없다는 것을 알게 되었다.

또 30년 전 집집마다 유용하게 사용했던 큰 고무다라이를 만들어 팔면 수익성이 있다는 생각도 했다. 고무다라이 제작을 위해 한국에서는 거의 사장된 프레스와 금형을 정비해 북한에 보냈다. 북측에서도 이 아이템을 좋아했다. 그런데 북한에서는 원자재와 기계만 받고 대금은 지불하지 않았다. 원료와 기계 설비만 북한에 헌납한 형국이 되고 만 것이다. 또 우리나라의 폐가전을 북한으로 보내 분리시킨 후

원자재로 재활용할 계획도 세웠으나 이 일도 무산되었다.

폐비닐 사업, 고무다라이 만드는 사업, 폐가전 분리사업 등은 남북 협력사업으로 꼭 필요한 사업이라고 생각하였는데 현 북한 체제에서는 어렵다는 결론을 내렸다. 이러한 사업은 노동력만 있으면 가능하기 때문에 인프라가 안 되어 있는 북한에서 꼭 필요한 사업이어서 아쉬움은 더 컸다.

언제든 그들 마음대로

2006~2007년 노무현 정부 당시, 금방이라도 북한과의 교류가 크게 활성화되고 남북통일이 조금 앞당겨질 것 같은 분위기가 조성되었다. 그래서 나는 미리 북한을 좀 알고 북한 쪽으로 지경을 넓혀 두자는 생각에 이런저런 사업을 진행시켰다. 중국과 북한에 많은 금액을 투자하는 나를 보면서 사상을 의심하는 이도 있었고, 심지어는 미친 놈이라고 말하는 사람도 있었다. 하지만 나는 우리 조국의 미래를 내다보면서 북한에서의 사업을 꿈꿨던 것이다. 중국 단둥에 사무실을 낸 것도 그렇게 장기적인 비전을 가졌기 때문이다. 압록강 끝자락에 위치한 단둥은 건너편 북한 신의주와는 철교로 연결되어 있다.

그런데 북한은 우리의 상상과는 완전히 다른 체제였다. 기계를 보낸 후에 북측은 생산하고 있는 기계 사진과 고무다라이 샘플을 보내주었다. 그래서 일이 진행되고 있는 것 같아 직접 가서 내 눈으로 확인하고자 했다. 하지만 북한 입국은 더없이 까다로웠다. 내가 투자해 지은 온실을 확인하기 위해 가는 데도 입국 비용을 따로 요구하고 있었다. 그때가 이른 봄철이었는데, 나에게는 못자리용 비닐 10톤을 사오라고 했다. 상식적으로 이해가 안 되는 일이었지만, 그들은 당당했다. 시비를 따지다가 첫해에는 가지 못했고, 그 이듬해는 계속 항의를 하니까 입국 허가가 나왔다.

  북한 가는 길에는 아내와 동행했다. 아내는 두려움 있었지만 가장인 내가 하는 일을 함께 공유하기 위해서였다. 평양에서 어디를 방문할 것인지 미리 계획서를 내야 했다. 계획서에 없는 곳을 현지에서 방문하겠다고 했다가 거절당하곤 했다. 방문 기간 중에 주일이 있어서 교회를 가겠다고 했더니 허락하지 않았다. 그들은 김일성, 김정일 우상화 현장을 주로 방문하게 했다. 그때 만난 북한과 북한 주민의 모습은 너무나 초라하고 남루했다. 우리가 투자한 온실에는 식물이 없었다. 전기 등 지원되어야 할 것들은 전혀 진행되지 않았고, 그런 상황에서도 그들은 끊임없이 추가로 많은 것을 요구했다. 북측은 김정일 사인을 받아 특별히 허가를 받은 것이라고 말하고 진행하였지만, 이 또한 언제든 그들 마음대로 뒤집었다.

체제 특성상 북한에서의 사업은 난망

  평양에 가서 직접 북한의 현실을 보고 난 후 북한에서의 사업은 절대로 안 될 일이라고 결론을 내렸다. 나와 같이 일한 사람들이 나쁜 사람들이어서가 아니다. 체제의 특성상 당이 결정하면 무조건 따라야 하기 때문에 우리가 그들을 상대하기란 매우 어려웠다.

한번은 그들이 폐비닐로 고무다라이를 만들어 팔아서 3만 달러를 벌었다고 이야기했다. 그렇다면 합자회사니까 수익을 배분해야 한다고 말했더니, 당에서 모두 가져가서 줄 돈이 없다고 말했다. 한국의 자본주의 시스템에 익숙했던 나는 북한의 사회 시스템이 이렇게 완전히 다르리라고는 전혀 생각 못 했다. 가정과 목숨이 달린 상황이라 그들은 당의 요구를 거절할 수가 없고, 내 쪽에서 자꾸 요구해 입장이 곤란해지면 담당자를 교체하는 식으로 문제를 덮어 버렸다. 내 이야기를 들은 담당자가 설득되면 자본주의에 물들었다고 생각해서 담당자를 교체한 경우도 있었다. 이런 일들을 겪고 나서 북한 관련 사업은 물질적으로 많은 손실만 남기고 접을 수밖에 없었다.

나는 북한과는 아무 인연이 없지만, 어떻게 해서든 북한 사람들과 접촉을 해서 그들을 도와 북한산 고구마순, 고사리, 도라지 등도 팔아 주려고 했다. 작은 일이라도 꾸준히 해서 북한을 돕고 큰 이득이 나지 않아도 투자한 금액만 회수되면 된다고 쉽게 생각했다.

그런 과정에서 고구마순과 고사리를 컨테이너로 몇 대씩 수입해 손해를 많이 보기도 했다. 우리는 건조로를 이용해 상품들이 일정하게 규격화되어 있고 그런 상품들에 익숙하다. 그런데 그들은 그런 시설이 없고 집집마다 조금씩 말리기 때문에 품질이 들쑥날쑥했다. 심지어 상품이 엉망이라도 아는 사람이 가져온 건 그냥 받아 주는 경우도 있다고 했다. 한국에서는 일부만 곰팡이가 나도 상품 전체를 폐기하는데, 북한은 그런 걸 괜찮다고 넘어가니까 이런 것들이 한국에서는 상품성이 전혀 없었다. 우리와는 기본적으로 생각이 너무 달랐다.

북한에 중국 조선족을 파견해 관리하려고 했는데, 현실적으로 그마저도 쉬운 일이 아니었다. 상품에 문제가 있다는 걸 지적하고 대금 결제를 20% 삭감한다고 하면, 그들은 정부에 30%로 보고하겠으니 자기한테 10%를 달라고 요구하기도 했다.

투자 손실을 예상하고도 사업을 벌인 이유는

그렇게 북한에 투자한 돈이 10억 원 이상인데, 내가 확인한 건 텅 빈 온실뿐이다. 폐비닐 공장도, 폐가전 부분도 기대했던 결과를 얻지 못했다. 통일을 바라보며 나름대로 선한 생각과 목표를 가지고 북한에서 사업을 진행하려고 했지만 아무것도 이루지 못했다. 신앙인으로서 북한에 베풀면 된다고 생각했는데, 예상은 완전히 빗나갔다. 북한의 현실과 체제를 너무 모른 결과였다. 좋은 의도로 어떻게든 노력하면 될 것이라고 생각했지만, 국가가 주도하는 개성공단이나 금강산 관광도 일방적으로 폐쇄되는 것을 보면 북한은 우리의 상식과 너무 다른 것이 당면한 현실이었다.

이렇게 북한에서 온실, 폐비닐 재생, 고무다라이 제작 사업 등 다양한 종목으로 사업을 시도했지만 결론적으로 전액 투자 손실이었다. 그래서 혹자는 나에게 어리석은 짓을 했다고 손가락질을 할지도 모른다. 수십 년 사업을 한 내가 그것을 모를 리 없다. 하지만 실패와 좌절을 예상하면서도 그렇게 선택한 이유는 따로 있다.

  북한과 우리는 같은 민족이다. 예를 들면 동생이 하는 짓이 마음에 안 든다고 형이 상대를 안 한다면 결국 갈등이 증폭되고 영원히 남남으로 갈라서게 된다. 온실과 폐비닐 재생, 고무다라이 제작 사업 등으로 경제적으로 많은 손해를 본 것은 사실이지만, 나는 대한민국 국민으로서 북한에 작은 씨앗을 뿌렸다고 생각한다. 또 북한이 대한민국과는 완전히 다른 집단이고, 북한의 공산주의와 남한의 자본주의는 생각 이상으로 완벽하게 다른 세계라는 걸 온몸으로 체험하며 배운 시간이었고, 투자금은 모두 그것을 배우는 데 지불한 수업료였다.

  대놓고 선교할 수 없으니까, 좋은 기업으로 본을 보이면 그것이 곧 북한에 복음을 전하는 작은 단초가 될 수 있을 거라고 믿었는데 그것도 너무나 순진한 생각이었다. 나의 생각과 투자에 동의하는 사람은 하나도 없었고, 오히려 나에 대해 색안경을 끼고 이념적인 문제로 보려고 했다. 하지만 하나님은 나의 충심을 아시기에 다른 모습으로 채워 주셨고 오늘의 나를 있도록 해 주셨다.

  나는 무슨 일이든 되어야 할 일이라면 누군가 꾸준히 외치는 사람이 있어야 한다고 생각한다. 개혁이든 정의든 통일이든 그렇게 외치고 추구하는 사람의 희생이 있어야 실현 가능하다. 일제강점기 때의 독립운동이나 군부독재 시절 우리 사회의 민주화가 그 시절에는 요원하고 불가능해 보였지만, 그 많은 뜻있는 사람들이 자신의 인생을 던지고 희생을 감수하면서 끝없이 외쳤기에 이뤄진 것 아닌가. 그리고 우리는 지금 평온하게 그 혜택을 누리고 있는 것이다. 통일도 마찬가지이고 한국교회의 개혁도 그렇다. 누군가 외치는 소리가 있다면 그것을 듣고 바로잡고 잘못된 점을 고쳐 나가는 것이 우리 모두의 주어진 과제라고 생각한다.

5

언젠가 올 그날을 위해
지금은 씨를 뿌리자

믿고 맡긴 사람의 비리와 부정

미국에 사는 동생 부부의 주선으로 북한의 김일성화위원회 간부를 만나 북한에서 사업을 하기로 결정했을 때 대한민국 국적을 가진 내가 직접 북한과 소통하는 데는 여러 문제가 있었다. 그래서 북한이 소개해 준 조선족 직원을 시켜 북한 사업과 중국에 공장 짓는 일을 시작했다.

당시는 북한 미술품이 한국에 이런저런 경로로 많이 들어올 때라 북한에서 유명한 만수대 창작사 그림을 판매하기로 하고, 단둥에 만수대 창작사라는 이름의 그림 판매점을 열었다. 그리고 단둥 압록강변 건너편 신의주가 있는 곳에는 북한과 연락할 작은 사무실을 마련하기로 했다. 그러던 중 작은 사무실 건물을 구입할 돈이면 그 주변

변두리에 공장을 지으려다 포기한 땅이 있는데 그곳을 사는 것이 어떻겠느냐는 제안을 받았다.

앞으로 북한과 교역이 이루어지면 부동산 가치도 올라가고 더 큰 일을 위해서도 필요하다는 판단 아래 그 제안을 받아들여 땅 4000여 평을 매입했다. 매입할 때 공장 용도를 묻기에 한창 한국에 김치가 많이 들어오던 때라 김치공장을 한다고 하고 공장 건설을 시작했다. 1차로 건평 600평 공사를 시작했다.

나는 성격상 한번 믿으면 끝까지 믿는 사람이라 조선족 직원이 일을 잘하는 줄 알았다. 한번은 단둥에 가서 낮에 직원과 이야기를 나눈 후 호텔 방에 들어갔는데, 북한 말씨를 쓰는 어떤 여성으로부터 전화가 왔다. 좀 만나자는 것이었다. 그 호텔엔 북한 사람들도 많이 투숙하고 있었다. 약간 의아하긴 했지만, 그 여성은 자신이 나를 만나려는 것이 아니라 조선족을 도와주는 중국 관리가 나를 만나고 싶어 한다는 말을 전했다.

약속을 잡아 그를 만났고, 그 만남의 자리에서 중국인 관리가 전해준 조선족 직원 한 씨의 비리를 듣게 됐는데, 가히 충격적이었다. 중국 공장 건축, 평양 온실 사업, 중국에서의 물품 구매, 만수대 창작사 그림 등등 그에게 일임해 놓은 모든 일마다 비리가 저질러지고 있었다. 비리와 부정으로 얼룩진 그의 업무 진행은 믿기지 않을 정도였다. 그렇지만 나를 사랑하시는 하나님은 일이 더 악화되기 전에 내가 비리를 알게 하셨다. 다행이었다.

아버지의 마음 앞에서

그즈음 나는 우리 회사 단둥 사무실에 자주 방문하는 박남수 씨를 알게 되었다. 박 씨의 동생과 우리 직원 한 씨는 친구였다. 박 씨는 연변에서 하던 일이 잘못되자 단둥에 와서 동생 친구인 한 씨가 근무하는 사무실에 나와 시간을 보내고 있던 차였다. 중국 사무실에서 나는 박 씨와 이런저런 이야기를 나눴는데, 그가 매우 강직하고 괜찮은 사람이라고 느꼈다.

박 씨의 딸이 한국의 대학으로 유학을 갔고 거기서 대학 강사와 결혼을 하게 되었다는 이야기를 들었다. 그런데 무언가 아픈 속내가 있는 것 같았다. 들어 보니 박 씨는 하던 일이 잘못되어 돈이 없어서 딸 결혼식에도 못 갈 뿐만 아니라, 딸이 최소한의 예물인 신랑 양복과 시계 비용으로 얼마간의 돈을 요구하였는데 그것도 못 해 주는 자신의 무능함이 너무 속상하다고 털어놓았다.

서울에 돌아와서도 박 씨의 말과 신세 한탄을 할 때의 표정이 오래 마음에 남았다. 결국 나는 박 씨에게 딸의 계좌번호를 묻고 그 금액을 송금했다. 아버지로서 딸에 대한 마음을 읽었기 때문이다.

박 씨는 20대 후반까지는 연변에서 경찰서 과장을 하였으며, 러시아에서 철강을 수입하는 일을 하여서 돈을 잘 벌기도 했다고 하였다. 이후 중국이 개방되자 북한 청진에 생수공장을 설립해 음료수 사업을 시작했다. 김대중 대통령 시절 북한의 김영남이 아태평화재단 행사에 참여했을 때, 박 씨 공장에서 생산한 생수를 가지고 김대중 대통령과 김영남이 건배를 했다고 한다. 그는 자신이 생산하는 청진 생수를 한국에 수출하려고 했으나 뜻을 이루지 못했다고 아쉬워했다. 독립운동을 하신 부모님의 영향으로 박 씨는 언제나 남북 화합을 위해 자신이 할 수 있는 일이 무엇인지 찾고 노력하는 분이기도 했다.

앞서 말했던 한 씨는 북한과 중국에서 내 사업과 관련해 많은 부정을 저지르고 결국 그것이 탄로나자 잠적하고 말았다. 결국 중국 묘령촌에 공장 짓는 일, 양각도 온실 공사 마무리, 평양에서의 폐비닐 재생사업 등 벌여 놓은 여러 사업들의 뒷마무리는 박 씨가 맡아서 진행해 주었다. 내가 베푼 조건 없는 사랑이 있었기에 모든 일을 잘 감당하였고 그 뒤 중국에서 인삼 농축액 공장 시설을 완성했으며, '주영(主榮)' 상표를 중국 특허청에 등록하기도 했다.

가능성과 희망을 보고 씨를 뿌리다

어쨌든 북한에서의 사업은 깨끗이 정리됐다. 북한에 대해 공부한 수업료치고는 꽤 비싼 돈을 지불했고, 남은 건 중국 사무소와 북한 관련 업무를 도맡았던 사람들이었다. 나는 그들을 믿고 중국에서의 사업을 진행했다. 그들 중에는 공직 경력이 있었던 이들도 있어서, 우리가 알지 못하는 인허가나 준공검사 같은 법적 행정적 절차를 수월하게 진행해 주었다.

하지만 나와 관계를 맺으면서 경제적인 수익이 좀 생기고, 그런 것 때문에 주변 사람들을 이용하기도 하고 일을 부풀리기도 했다. 그러면서 그들끼리 서로 경쟁하기도 하고 배신하기도 했다. 중국 사업을 시작하는 한국 회사의 대표가 유이상이라는 것을 알기 때문에 더러는 나에게 거짓으로 하소연을 하며 사기를 치기도 했다.

나중에 내막을 전부 알게 되었을 때도 나는 그들 중 어느 누구도 고발하지 않았다. 사업하면서 누구와도 법적인 다툼을 벌이지 않는 것은 나의 원칙이었고, 그것은 그들이 조선족이거나 중국인이어도 그대로 적용되었다. 그때 알게 된 사람이 박남수 씨였다. 그를 믿고 그에게 모든 것을 일임했다. 현실적으로 그를 믿지 않고서는 중국 사업을 할 수도 없었다. 그의 선택과 결정을 존중하고 신뢰하는 것이 나의 몫이다. 성장하고 성공하면서 그 역시 믿음을 배워갈 것이라 믿었다. 그래서 그가 어떻게 일하고 결정하고 돈을 쓰는지 나는 지켜만 볼 뿐이었다. 심지어 장부 열람도 하지 않았다. 그저 일의 결과를 확인하는 의미에서 보고서를 받는 정도였다.

나는 그를 주영삼업유한공사 대표로 내세웠다. 그렇게 신뢰해야 그도 책임감 있게 회사를 운영하고 키워 갈 것이라 믿기 때문이다. 미리 내다보고 결정한 일은 아니었지만, 요즘 같은 코로나 상황에서는 중국을 가는 일도 쉽지 않아 잘된 일이 되었다.

북한이든 중국이든 그곳에서 사업을 한다고 했을 때 모두가 반대했고, 조선족에게 일을 맡기는 것도 부정적으로 봤다. 그런 이야기를 계속 듣다 보니 나는 오히려 새로운 도전 의식이 생겼다. 일을 맡겨놓고 의심을 하면 어떤 일도 제대로 진행될 수가 없다. 의심을 할 바에는 일을 맡기지 말아야 한다. 단둥의 주영삼업유한공사 입구 초석에 信(믿음) 望(소망) 愛(사랑)라는 돌판을 새겨 놓았다. 하나님은 모르던 그들을 하나님 앞으로 인도했으니, 그들을 신뢰하고 밀어 주는 것이 내가 할 일이다.

The letter

"믿음, 소망, 사랑을 보여주셨습니다"

 박남수 대표_ 주영삼업유한공사

2005년에 유이상 회장님을 처음 만났습니다. 남북경제협력의 일환으로 사업을 하고 계셨는데, 비닐가공 공장에 원료 1000톤을 직접 실어 보내는 일로 저와는 인연이 시작되었습니다. 저는 그때 10여 년 정도 한국을 다니면서 친구와 북한 관련 사업을 하고 있었는데, 어려움이 많았습니다. 유 회장님은 대북 사업의 어려움을 누구보다 잘 알고 계셔서, 제가 겪는 어려움에 공감해 주시면서 아무 조건 없이 많은 지원을 해 주셨습니다.

중국 공무원 출신인 저는 회장님의 중국 사업을 돕기 위해 만나는 일이 잦았고, 중국에 회장님이 전액 투자한 주영삼업유한공사를 설립해 인삼제품 등 건강기능식품 제조를 하고 있습니다. 2018년 현재 30억 원 이상 투자된 회사입니다.

1993년부터 한국에 다니면서 많은 사람들을 만났지만, 유 회장님

같은 분은 정말 처음 봅니다. 알고 나서 10년을 마치 친형님처럼 저를 챙겨 주셨습니다. 사실 사람을 믿는다는 건 정말 쉽지 않은 일인데, 유 회장님은 회사 설립 이후 저에게 모든 걸 완전히 믿고 맡기셨습니다. 심지어 영수증 한 장 보지 않으신 분이고, 보고만 받으실 뿐 그것이 맞는지 검사나 확인을 한 번도 하지 않으셨습니다.

오로지 유 회장님은 저에게 격려와 희망만을 주셨습니다. "잘한 일이 있다면 그것은 당신이 일을 잘해서 잘 된 것이고, 못한 일은 내가 관심이 부족해서 안 된 일입니다. 그러니 당신은 노력해서 열심히 일하면 되는 것입니다."

그런 말을 들을 때마다 얼마나 힘이 났는지 모릅니다. 믿음은 억만금의 돈을 주고서도 살 수 없는 것인데, 그분은 저에게 전적인 믿음이 무엇인지 보여주셨습니다.

"당신이 성공하는 것이 곧 내가 성공하는 것과 같습니다. 그러니 꼭 성공해야 합니다. 당신이 성공해서 당신 주변에 있는 사람들도 성공시키는 것이 중요합니다. 그래서 중국도 돕고 북한도 도와야 합니다."

유 회장님이 이렇게 믿어 주시니, 저는 스스로 회사를 내 집의 일이라고 생각하게 되었습니다. 회장님은 집도 사고 차도 사야 하지 않겠느냐고 말씀하시지만, 저는 어떻게 하면 비용 절감을 할 수 있을지 더 궁리하게 됩니다. 그래서 밤에 경비를 서곤 하는데 그때 제 마음이 오히려 편합니다.

주영삼업유한공사 입구에 있는 조경석에는 '信(믿음) 望(소망) 愛(사랑)' 세 글자가 새겨져 있습니다. 그것을 보면서 서로 믿고 소망을 가지고 사랑하는 마음으로 일한다는 각오를 다집니다. 회사지만 이곳이 곧 나의 집이라 생각합니다.

유이상 회장님을 10년 이상 봐 왔는데, 정말 모든 생활이 소탈하십니다. 호텔도 검소한 곳을 이용하시고, 가방도 10년째 같은 가방을 들고 다니십니다. 하지만 다른 사람을 돕는 마음은 넓고 큽니다. 동포는 물론 북한과 중국을 열심히 도우시고, 언제나 수익의 10%는 자선사업을 하시는 데 쓰십니다. 저도 성공해서 꼭 유이상 회장님처럼 살고 싶습니다.

나가는 말

내 사무실 한쪽에는 커다란 액자가 하나 걸려 있다. 홍도대전(洪圖大殿). 친구들과 함께 중국을 방문했을 때 만난 중국의 서예가협회 부회장으로부터 받은 글씨다. '넓은 도면이 큰 궁궐을 짓는다'는 뜻이다. 한국에서 사업을 하고 있다고 이야기했더니 사업이 번창하길 바라는 마음을 담아 써 준 글이다. 시원한 필체도 마음에 들고 뜻도 새길 만해서, 사무실 한쪽에 걸어두고 있다. 베이징의 자금성이든 서울의 경복궁이든 한 나라를 대표하는 궁궐을 지으려면 건축하기 전에 그것의 밑그림인 넓은 도면이 필요하다. 실제로 모든 걸작품의 처음은 작은 연필이 그려 내는 밑그림이다. 밑그림이 정확하고 분명해야 걸작으로 완성된다. 그래서 밑그림을 이루는 작은 선 하나도 무시해서는 안 된다.

모든 기업의 출발도 기본이 충실한 것으로 시작된다. 기본이 얼마나 충실한가에 따라 기업의 성공도 달라진다고 할 수 있다. 그래서 나는 우리 회사의 사훈을 "기본에 충실하자"로 정했다. 나는 언제나 직원들에게 기본을 강조한다. 기본에 충실하는 것은 너무나 당연한 이치로 보여서 너무 쉽다고 생각할 수 있다. 하지만 실천하는 일은 그리 쉽지 않다. 지금 당장은 아무 문제가 없는 것처럼 보여도 기본을 무시하면 기업의 근간을 흔들 수도 있다.

  기업을 경영하는 사람은 자주 여러 선택과 결정 앞에 서게 된다. 그래서 평소 많은 고민과 생각을 거쳐 나름대로 원칙을 가져야 한다. 특히 크리스천 기업인에게는 반드시 지켜야 하는 기본이 있다. 내 기준 중에 하나는 스스로에게 이렇게 묻는 것이다. "지금 내가 하려는 이 선택(또는 결정)은 하나님이 기뻐하시는 일인가?"

  돈으로 문제를 쉽게 해결할 것인가, 아니면 힘들어도 원칙과 소신을 지킬 것인가. 이 문제는 크리스천 기업가가 자주 마주하게 되는 현실이다. 많은 크리스천 기업가가 수많은 선택과 결정을 내려야 할 때 돈과 하나님 사이에서 선택을 고민한다. 빠르고 편하고 넓은 돈의 길, 그리고 더디고 어렵고 좁은 하나님의 길. 성경은 분명히 말하지 않았던가. 돈과 하나님을 같이 섬길 수는 없다고. 이것이 힘들어도 크리스천 기업가라면 자신이 하나님 앞에서 세운 원칙과 소신을 지켜야 하는 이유다.

  나는 항상 하나님 그분을 의식하며 기업을 경영해 왔다. 가끔 어려움에 봉착할 때도 있었지만, 결국 하나님은 늘 나의 부족함을 채워 주셨다. 내가 작지만 이렇게 성공할 수 있었던 근간엔 하나님의 은혜가 있었다는 생각을 한 번도 안 해 본 적이 없다. 크리스천 기업가라고 교회 가서 기도만 많이 한다고 성공하는 것은 아니다. 기업가는 우선 사업에 전력을 기울여야 한다. 사업을 하는 경영 방식, 태도 등이 크리스천으로서 부끄럼 없도록 하는 것이 진정한 크리스천 기업가라고 생각한다. 특히 크리스천 기업가는 기업의 이익만 추구하면서 양심과 신앙의 눈을 질끈 감아선 결코 안 된다. 내 눈만 감으면 어쩔 것인가. 하나님은 똑똑히 다 보고 계시는데. 하나님 앞에 서서 기업을 경영한다는 의식이 크리스천 기업가들에게 가장 필요한 덕목이다.

  하나님 감사합니다. 오늘도 사업을 하면서 하나님을 섬기는 마음으로, 하나님의 원칙과 소신을 따르는 진정한 크리스천 기업인이 되게 해 주소서!

믿음의 제조업 경영 45년

나는 오늘도
희망의 씨앗을
뿌려야지!